The Invisible Game
Mindset of a Winning Team

보이지 않는 e스포츠

승리하는 팀의 마음가짐

Zoltan Andrejkovics 저
이상호 역

박영사

이 저서는 2019년 대한민국 교육부와 한국연구재단의 지원을
받아 수행된 연구임(NRF−2019S1A5C2A02083190).

번역에 들어가며

　e스포츠 선수 출신이 아닌 역자가 이 책을 번역한 이유부터 먼저 이야기하고자 한다. e스포츠 관련 책을 읽으며 우연히 발견한 이 책의 첫 페이지에 이 책은 모든 게임하는 사람에게 바친다며 다음과 같이 기술하였다. 즉 "게임이라는 것은 우리의 적을 패배시키는 것이 아니다. 대신에 우리의 내적 위대함의 깊이를 발견하는 것이다(I believe that gaming is not about defeating our opponent; rather, it's about discovering the depth of our internal greatness)." 이 문장은 검도를 30년 넘게 수행하고 있는 나에게 익숙하다. 게임에 검도 단어를 대신 넣으면, 검도는 상대를 이기는 것이 아니라 내면의 위대한 마음을 발견하는 것이라고 주장하는 역자의 생각과 다르지 않기 때문에 재미있게 읽었다.

　저자는 우리가 경기력을 증진시키기 위해 신체훈련의 관심에 비례하여 마음훈련도 필요함을 주장한다. 본문의 내용을 읽어가면서 e스포츠 선수들의 마음 상태에 대한 저자의 동양적인 생각과 사고방식에 적잖이 놀랐다. 프로e스포츠 선수들이 e스포츠에 가져야 할 정신적 태도와 사고방식은 특정 선수 그룹에만 적용되지 않는다. 많은 선수들이 경기에 임하여 승리하고자 하는 욕망은 다르지 않다. 하지만 그 욕망이 자신의 인생과 경기의 패배로 이어질 가능성이 높다. e스포츠 경기는 초 단위가 아니라 0.001초로 결정된다. 즉 짧은 시간에 판단과 행동으로 이어지기 때문에 자신의 마음을 어떻게 이해하고 활용하느냐에 따라 승부가 결정 된다.

오늘날 e스포츠 선수는 심리 불안을 극복하고 자신이 배워왔던 실력을 경기에서 제대로 발휘하기 위해 심리 상담이나 심리 훈련 을 한다. 그 심리 치료의 한 방법으로 프로e스포츠 선수들에게 명 상(meditation) 훈련을 시킨다. 그리고 선수들 자신의 기량 발휘를 위해 시지각과 행동 간의 움직임 데이터의 활용 등이 모든 것은 경 기에서 자신의 기량을 최대로 발휘하기 위한 수단으로 이용한다. 하지만 이 책은 e스포츠 선수의 기술 향상과 관련된 방법만을 이 야기하고 있지 않다. e스포츠 선수들을 중심으로 감독과 코치 간 의 인간관계가 어떠해야 하는지를 설명한다. 더 나아가 e스포츠 선수로서 올바른 마음가짐이 경기에서 얼마나 중요한지를 설명 한다. 일상에서의 올바른 마음가짐이 최고의 e스포츠 선수가 될 수 있음을 보여준다. e스포츠는 누구나 쉽게 할 수 있지만 최고의 e스포츠 선수가 되기란 다른 종목의 프로선수들보다 어렵다. 이 책은 궁극적으로 최고의 선수가 되기 위한 내용보다는 e스포츠 선수의 인성은 어떻게 키워야 하고 유지해야 하는지와 관련된 내 용으로 채워져 있다. e스포츠는 멘털 스포츠이기 때문에 마음의 상태는 대단히 중요하다. 특히 마음의 평정은 인성과 밀접하게 연 결되어 있기 때문에 인성이 뒷받침 된 선수가 경기에서도 최고의 기량을 발휘한다. 많은 선수들은 경기에서 승리하기 위해 어떠한 전술과 전략이 필요한지에 관심이 많다. 하지만 e스포츠는 적을 이기는 것이 아니라 자신을 발견하는 기회로 만들어야 한다. 여기 에서 우리는 e스포츠의 가치를 발견할 수 있다.

역자는 젊을 때 게임회사에 일한 적이 있다. 게임과 관련된 일을 할 때 나에게 가장 인상적인 장면은 철권과 킹 오브 파이터(King of Fighter)와 같은 격투게임에서 고수와 대결하기 위해 게임기 위에 동전을 일렬로 놓고 자신의 순서를 기다리는 현상이었다. 많은 사람들이 고수와의 대결을 기다리면서 뛰어난 선수들의 경기력에 존경의 눈초리를 보낸 경험은 지금도 잊을 수 없다. 하지만 인터넷의 등장은 세계 어느 곳에서라도 인종, 나이, 성별과 관계없이 e스포츠를 즐기고 열광을 가능하게 하였다.

오늘날 e스포츠는 개인과 팀 간의 경기를 넘어 국가 대항전의 성격을 보여준다. 과거에는 칼이나 총 그것이 없으면 몸으로 싸운다. 하지만 지금은 마우스와 키보드로 가상공간의 전쟁터에서 싸운다. 2022년 항저우 아시안 게임의 정식종목 인정과 롤(LoL) 월드컵과 같은 국제 e스포츠 경기는 더욱더 치열하게 진행될 것이다. e스포츠의 치열한 승부는 기존의 스포츠 본질과 다르지 않다. e스포츠 경기에서 마음의 운영은 승부를 결정하는 중요한 요소이다. 마음의 요소는 경기의 승패에만 영향력을 주는 것이 아니라 일상의 삶에도 영향을 미친다. 이 책에서 저자는 정확하게 언급하고 있지 않지만 선수들의 마음의 본질과 작동을 동양적인 심리학, 그중에서도 유식학(唯識學)으로 설명한다. 그리고 e스포츠 선수들에게 평정심을 위한 방법으로 불교의 지관(止觀)을 주장한다. 하지만 이 책은 저자 개인적인 관점에서 기술함으로써 상세한 논리적 근거를 제시하지 못했다. 따라서 역자는 이 책의 가독성을 위해 필요하다고 생각하는 내용을 각주로 추가하였다. 이와 관련해서 저자로부터 허락을 받았다. 이를 통해 e스포츠 선수심리에 대한 학문적 관심을 갖는 전문가에 동양적 철학이 더해진 더 많은 연구가 촉발되기를 기대한다.

　이 책이 최고의 프로e스포츠 선수나 팀을 만들기 위해 노력하는 감독이나 코치들에게 조금이나마 도움이 되었으면 한다. 한국은 e스포츠 종주국을 넘어 e스포츠의 새로운 세계관을 만들어 세계에 보여주어야 한다. e스포츠 기술이 뛰어난 선수가 아닌, 인성을 갖춘 e스포츠 선수가 전 세계를 호령하기를 기대한다. 그리고 이 책은 e스포츠 선수들만을 위한 책이 아니라 마음과 관련된 다른 운동선수들, 일상을 살아가는 사람들에게도 유익한 가르침을 준다고 생각한다.

　마지막으로 역자가 발견하지 못한 부분까지 오역을 바로잡아 준 이면희 선생과 번역 초고를 읽고 유익한 조언을 해준 e스포츠 연구개발원 구마태 원장에게 고마움을 전한다.

이 상 호

저자는 8살 때 PC게임을 접한 1세대이다. 생각해 보면 우리 주위에 PC가 드문 시대에 나는 행운이었다. 대부분의 사람은 PC가 무엇을 하는 것이며 어떻게 작동하는지도 몰랐다. 나는 여름 휴가 기간의 대부분을 할머니 집에서 보낸 것을 잊을 수 없다. 매일 오후만 되면 친구와 나는 상대가 전혀 보이지 않은 초저녁까지 축구 경기를 하였다. 그런 후에 할머니가 차려주는 맛있는 저녁식사를 먹기 위해 집으로 달려갔다. 약간 성의 없는 태도였지만 할머니에게 좋은 아이로서의 행동을 보여주었고 잠자리에 들었다. 하지만 그것은 항상 성공적이지 않았다.

젊은 삼촌은 자신의 컴퓨터에서 새로운 PC게임을 구동시켰다. 나는 자연스럽게 일어나 슬그머니 그에게 다가가 그 게임에 참여하였다. 몇 시간을 즐긴 후에는 지치기는 했지만 나는 새로운 경험에 만족하였다. 그 이후에 잠들 수 있었다. e스포츠의 관심은 이러한 비밀스러운 밤의 여행기간에 뿌리를 두었다.

오늘날 e스포츠는 단순한 게이밍(gaming)과 다르다. 나는 나의 삶에서 믿을 수 없는 재능 있는 젊은 친구들을 만났다. 그러나 소수의 사람들만이 세계에서 최고의 사람으로 인정받고 있다. 우리가 e스포츠를 단순히 놀이라고 생각하는 한 그것은 우리의 머릿속에서만 남아 있게 될 것이다. 우리는 경쟁이라는 e스포츠의 깊이를 재인식할 때 e스포츠를 스포츠로 파악하게 된다. 단순히 적을 무찌르는 것이 아니라 자신의 적과 자신이 갖고 있는 내재적 한계까지도 정복해야 한다.

이 책은 자기 자신에게 드러나 보이지 않는 장벽을 극복하기 위해 필요한 마음의 작동 원리를 드러내고자 하였다. 이 책은 e스포츠와 관련된 인간 마음의 작동과 깊이를 논하고자 한다. 그 속에서 우리는 자신의 근육 강화와 마찬가지로 마음 강화의 영역을 정확히 찾아내고 훈련시키고자 한다. 예컨대 개인적인 훈련과 기술적 준비는 e스포츠 경기에서 실력 발휘의 반 이상을 점유한다. 나머지 반은 플레이어의 마음 준비와 순간적 마음 상태에 달렸다. 여기에 어느 정도 개인적인 나의 경험을 덧붙이고자 한다.

인간의 마음 상태를 검토할 때 e스포츠에서 행동 패턴이나 성공적인 방법이 무엇이든지 간에 중요한 것은 심도 깊은 인식작용의 재검토가 필요하다. 표면적인 행동의 사고와 패턴은 그 밑에 숨어 있는 감정과 동기가 드러나는 것이다. 이러한 발견은 우리 자신을 더욱 진지하게 만들어내고 e스포츠 플레이가 지향하고자 하는 비전을 제공해준다. 진실한 목적은 어린아이들과 같이 명료해야 하고 단순해야 한다.

우리가 어디에서 왔든지, 우리가 누구이든지 간에 승리의 잠재성(potential)은 우리 안에서 숨겨져 있다. 우리는 단순히 신체적 훈련을 넘어 우리는 마음의 작동 과정을 파악해야 한다. 마음 작동의 이해는 다른 도전을 위한 마음 준비하는 데 도움이 된다.

이 책을 기획할 때 나는 각각의 장이 서로 논리적 질서에 맞게 서술하고자 노력하였다. 10장으로 이루어진 이 책은 e스포츠에 참여하는 사람들에게 중요하다고 생각하는 주제로 구성하였다. 즉 몸의 준비에서부터 내적 사고와 감정의 순서로 설명하였다.

각각의 장은 실제 생활의 이야기와 교훈이 첨부되어 있고, 교훈이라고 생각하는 것은 고딕체로 기술하였다. 책 내용에서 숨겨진 지혜의 보고인, 즉 가장 중요하다고 생각한 것은 **볼드체**로 하였다. 그중에서 가장 중요한 핵심개념은 **숫자**로 표시하였다. 그 내용의 요약은 맨 뒷장에 설명하였다.

나는 때때로 나 자신의 사고와 생각을 쓰고, 다른 잘 알려진 사상가들로부터 말을 인용하였다. 각 장에 핵심적인 내용을 요약하여 설명하였다. 추가적으로 이 책의 많은 생각을 쉽게 보여주기 위해 그림으로 표현하였다. 시각적인 그림은 사람이 사고 작용을 하는 데 도움을 준다. 그림은 천 마디 말보다 가치가 있다.

이 책을 기획하는 데 나는 일상적인 환경에 적용을 강조하기 위해 새로운 주제의 소개가 가능하다고 생각하였다. 하지만 그것의 지속적인 발전을 위한 새로운 사고 가능성을 정확하게 파악하기란 충분하지 않다. 진실한 가치는 증명되어야 하고 일상의 삶에서도 그 개념이 적용되어야 한다. 그래서 나의 주장이 e스포츠를 하는 동료와 친구들과 공유되고 토론하기를 바란다.

차례

e스포츠

e스포츠[1]는 전통적인 체스와 같이 기술의 조화와 재능이 필요하다. 하지만 e스포츠는 체스와 다르다. 왜냐하면 e스포츠는 여러 종류의 게임의 형태 속에서 서로 경쟁의 결과로 평가하기 때문이다.

e스포츠의 종류는 범주에 의해 구분된다. e스포츠의 장르에는 스피드와 능숙한 기술(skillfulness)이 요구되는 카운트 스트라이커: 글로벌 어펜시브(Counter-Strike: Global Offensive), 오버워치(Overwatch) 등이 있다. 계획이나 전략이 중요시하는 장르

---

1 **역자 주** e스포츠는 디지털 플랫폼을 기반으로 인간의 움직임으로 승부를 내는 경기이다. 여기에는 승자와 패자가 존재한다. e스포츠는 디지털 경기에서 정보나 소통 능력을 증대시킴으로써 신체적 정신적 능력에 영향력을 미친다. 그리고 그들은 경기에서 선수들은 자신이 가진 기량을 최대한으로 발휘하고자 노력하고 이러한 선수들의 기술 발휘와 전략에 관객들은 열광하고 박수를 보낸다. e스포츠가 스포츠인지 아닌지의 논쟁의 가장 중요한 근거로 스포츠는 대근육의 중심이면, e스포츠는 소근육의 움직임이라고 주장한다. 하지만 대근육의 움직임이 가능하기 위해서는 소근육이 작동되어야 한다는 점에서 엄밀한 의미에서 서로 분리되지 않는다. 스포츠도 각 종목에 따라 대근육과 소근육의 강조점이 다르다.

e스포츠는 경기를 위한 제도화된 규칙 속에서 이루어진다. 스포츠와 같이 경쟁적인 요소를 갖는다. 전략과 전술을 통한 개인이나 팀 간 또는 국가 간의 경쟁을 보인다. e스포츠는 스트레스 해소를 넘어 프로 선수나 감독, 코치, e스포츠 관련 마케팅이나 기획 등 직업으로서 외적 동기를 갖는다. 그리고 자발적인 즐거움을 찾기 위한 내적 동기도 존재한다. 물론 e스포츠의 부정적인 요소도 보인다. e스포츠 종목의 연속성이 보장되지 않는다. 공공재와 관련된 문제와 이해관계자(stockholder)의 지적 재산권 보장에 따른 상업화도 풀어야 할 과제이다.

는 도타 2(Data 2), 리그오브레전드(League of Legend), 하스스톤 (Hearthstone) 등이 있다. 뛰어난 플레이어들은 자연스럽게 경기를 하는 동안 자신의 기술을 축적해 나아가고, 그들의 적을 격파하는 모습을 보여준다. 거기에는 일반인이 기대하지 않은 방향의 움직임을 보여준다. 많은 기회 속에서 경이로운 기술력을 만들어가는 과정은 관객들로 하여금 e스포츠를 훨씬 더 흥분시킨다.

e스포츠에서 가장 흥미로운 것은 경기 종목에 따라 5-6명이 실제로 상대를 보면서 경기를 진행시킨다는 점이다. 이 경기에서 일어나는 많은 변수가 경기 참여자에게 영향력을 미치기 때문에 필요한 준비를 많이 해야 한다.[2]

e스포츠 경기에서 가장 흥미로운 것은 야구와 같이 훈련 방법이 다르다는 것이다. 야구 경기에서 체력과 인내력은 중요한 요소이다. 하지만 e스포츠는 신체적 체력을 키우기보다는 **전문적인 기술**(technical skills), **작전**(tactics), **심리적 준비**(mental preparation)가 가장 중요한 요소이다.

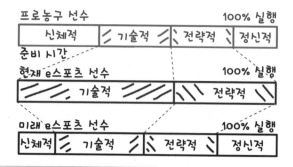

---

2 역자 주 스타크래프트와 같은 개인전이라고 하더라도 단체전의 요소는 필수적이다. 개인이 경기를 잘 풀어나가기 위해 자신과 연관되어 있는 다른 움직임을 파악해야 한다는 점에서 다른 전술적인 판단이 개입된다. FTS(First-Person-Shooter) 경기도 마찬가지다.

보이지 않는 e스포츠

정신적 상태를 증진시키기 위해서는 자신의 궁극적 목표를 설정하고 경기가 지속되는 동안 마음의 상태가 지속적으로 준비되어 있어야 한다. e스포츠 선수는 e스포츠 운동선수로서 초석을 갖기 위해 아래의 신체적[3] 정신적 훈련 준비가 되어야 한다.

1 신체적 훈련

가. **몸의 준비 상황**: 집중이 가능하려면 자신이 몸이 이완되어 있어야 하며 편안하게 균형이 맞추어져야 한다.[4]

나. **기술적 준비**: 수많은 연습으로 빠른 반응 시간, 기대하지 않은 상황에서 빠른 결정, 확신에 찬 태도로 경기에서 사용하는 도구나 자신이 선택한 영웅 그리고 플랫폼을 통제할 수 있어야 한다.

다. **전술적 준비**: 경기의 유리한 지점을 확인해야 한다. 글로 설명하지 못하는 경기 규칙을 마스터해야 하고, 자신의 의지대로 경기를 빠르게 통제 가능하게 만들어야 한다. 이러한 규칙과 통제 가능성은 개인이나 팀 전략(strategy)에 중요한 부분을 구성한다.

---

3 **역자 주** e스포츠에서 피지컬(physical)의 능력은 스포츠와 다르게 설명한다. 일반 운동선수의 능력은 피지컬, 기술적, 정신적 능력으로 구분된다. 이와 다르게 e스포츠 선수들의 피지컬 능력은 반응 속도, 멀티태스킹, 조준의 정확도, 상황 판단의 능력을 말한다(이상호, 2021).

4 **역자 주** 몸의 준비는 자기 관리에서 시작해야 한다. 자신의 몸이 아프면 아무것도 할 수 없다. 이는 규칙적인 습관에서 기인한다. 규칙적인 습관이 자신의 몸 컨디션을 최상의 상태로 만들어준다. e스포츠 선수들의 경기에서 가장 중요한 것이 집중이다. 집중은 자신의 몸의 조건이 최상일 때 가능하다. 오랜 동안 앉아 경기를 진행함으로써 손목터널증후군이나 안구건조증이 발생하기 때문에 자신의 건강 체크는 필수적이다. e스포츠 선수가 최선의 경기력을 발휘하기 위한 몸의 전제 조건은 자기 스스로의 규칙을 만들고 지키려고 하는 노력이다.

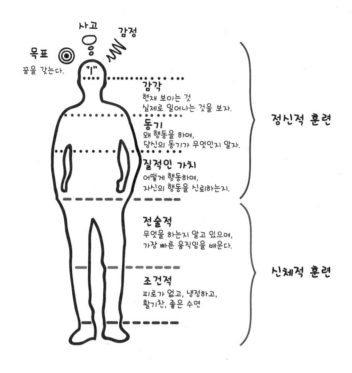

목표 ◎
꿈을 갖는다.

사고

감정

감각
현재 보이는 것
실제로 일어나는 것을 보자.

동기
왜 행동을 하며,
당신의 동기가 무엇인지 알자.

질적인 가치
어떻게 행동하며,
자신의 행동을 신뢰하는지.

전술적
무엇을 하는지 알고 있으며,
가장 빠른 움직임을 배운다.

조건적
피로가 없고, 냉정하고,
활기찬, 좋은 수면

정신적 훈련

신체적 훈련

🟊 정신적 훈련

가. 우리는 **목표**의 본질을 이해한다. 왜 우리가 그러한 목표를 세워야 하고, 왜 그러한 목표 달성을 원하는지 자신이 이해하고 있어야 한다.[5]

---

5   **역자 주** 하지만 목표 그 자체를 자신의 궁극적 목적으로 생각해서는 안 된다. 우리가 목표를 세운다고 다 달성되는 것이 아니기 때문이다. 우리는 가장 뛰어 난 e스포츠 선수가 되기를 바라지만 우리 모두가 그렇게 될 수는 없다는 사실

나. **가치**를 설정해야 한다. 자신의 장점을 명확하게 이해해야 하고, 팀 가치에 동화되어야 한다.[6]

다. 우리의 **동기**를 파악해야 한다. 게임뿐만 아니라 일상생활에서 동기가 우리에게 주는 영향력이 무엇인지 알고 있어야 한다.[7]

라. **감각**과 집중이다. 어떻게 집중을 유지할 것이며, 집중에 따른 손실을 야기하는 이유가 무엇이고 어떻게 그 상황을 회피할 수 있는지 인식할 필요가 있다.[8]

마. **감정**을 다룰 줄 알아야 한다. 우리의 감정이 주어진 상황에 따라 어떻게 본능적으로 반응하는지 인식해야 한다. 그리고 자신의 감정 반응을 어떻게 개선할 수 있을까에도 관심을 가져야 한다.[9]

을 잘 알고 있다. e스포츠 선수들은 목표를 세우는 것도 중요하지만, 세워야 할 목표의 본질이 무엇인지를 파악해야 한다. 즉 최고의 e스포츠 선수가 되겠다는 목표도 중요하지만, 왜 e스포츠 선수가 되고 싶은지 자신에게 진지한 질문을 던지고 답을 찾는 과정이 선결되어야 한다.

6 **역자 주** 뛰어난 선수들은 경기뿐만 아니라 일상에서 자신이 어디에 위치하고 있는지를 아는 사람이다. 한국에서 e스포츠 선수들은 합숙훈련을 한다. 합숙 훈련을 하는 동안 프로e스포츠 선수들은 팀이 지향하는 가치를 이해하고 있어야 한다. 자신이 추구하는 플레이가 팀 가치와 서로 맞으면 그 시너지는 클 수밖에 없다.

7 **역자 주** e스포츠 동기의 질문은 e스포츠를 지속 가능하게 하는 힘으로 작동하기 때문이다. 동기와 관련해서 저자는 5장에서 설명하고 있다.

8 **역자 주** e스포츠 선수들에게 가장 중요한 것은 감각의 유지와 경기가 끝날 때까지 가져야 하는 집중력이다. 그렇다면 집중은 어떻게 유지해야 하는가? 감각과 집중의 유지는 그들 간의 연결 과정을 알고 있어야 한다. 집중과 관련해서 저자는 7장에서 설명한다.

9 **역자 주** 감정은 대단히 중요하다. 큰 경기를 앞두고 갖는 긴장감은 어느 누구나 있다. 코치나 감독들은 선수들에게 긴장하지 말고 마음을 비우고 하라고 하지만 다양한 감정이 일어나는 것은 어쩔 수 없다. 경기에서 최고의 기술은 흔들리지 않는 부동심 유지한다. 흔들리지 않는 마음을 유지하기 위해서는 감정이 어떻게 작동하고 어디에서 일어나는지를 파악해야 한다. 감정과 관련해서 저자는 8장에서 다룬다.

바. **사고에 대한 이해**도 필요하다. 우리의 사고는 때때로 방황하며 자신에게 도움이 되기보다는 방해가 된다.[10]

사. **자아(self)의 움직임을 아는 것**이 필요하다. 자기 자아를 안다는 것은 정신적으로 살아가는 데 중요하다. 우리의 일상적인 마음의 상태는 일생 동안 살아온 경험의 합에서 나온다. 그 속에서 우리의 외적 자아의 역할은 정확하게 내면화된 꿈의 형태와 자신의 기대를 포함한다. 이것은 다른 사람들에 의해서 상기되어 나타나기도 한다.[11]

오늘날 코치들은 선수들을 준비시키는 데 정신적 훈련보다 신체적 훈련을 중요한 요소로 판단한다. 하지만 앞에서 언급한 많은 주장은 신체적 훈련과 전혀 관련이 없어 보인다. 경쟁자가 어떻게 경기를 준비하는지를 생각해 본다면, 우리는 신체적 훈련과 정신적 준비 과정이 경기 준비의 단계에서 같이 고려되어야 함을 빠르게 알아차려야 한다.

역도 선수들을 생각해 보자. 역도 선수들은 자신의 몸무게보다 몇 배 더 무거운 실질적인 무게를 들기 위해 이론적으로 자신의 근육에 어떤 부분을 키워야 하는지를 잘 알고 있어야 한다. 그리고 단백질 효소가 자신의 근육에 어떻게 작동하는지도 이론적으로 파악하고 있어야 한다. 정신적 준비도 이와 마찬가지로 준비되어야 한다.

---

10 **역자 주** 저자는 thoughts, 즉 사고라고 설명하였지만 사고는 이성적 판단이 개입된다는 측면을 강조한다. 역자는 사고보다는 생각의 방식이라고 이해하는 것이 저자의 설명을 이해하는 데 도움이 된다. 그러나 번역에서는 사고로 하였다.

11 **역자 주** 경험은 자기 인식이 특정 기술을 어떻게 다루는지와 경기를 어떻게 할 수 있는지를 포함한다. 저자는 자아(self)의 역할을 내적 자아(inner ego)와 외적 자아(outer ego)로 구분하여 설명한다. 이와 관련된 내용을 저자는 6장에서 다룬다.

보이지 않는 e스포츠

우리가 최고의 전략을 잘 수립하고 경기에서 일련의 움직임을 실제적으로 수십 번 연습한다고 하더라도 의문은 항상 떠오른다. 예를 들어 자신의 감정은 경기하는 내내 자신에게서 떠날 수 없고, 우리는 그것을 어떻게 통제 가능한지 잘 파악하지 못하는 경우도 존재한다. 이러한 상황의 결과는 말하지 않더라도 명확하다. 따라서 신체적 정신적 준비와 훈련은 피할 수 없다. e스포츠는 정신적인 준비와 훈련이 훨씬 더 필요할지 모른다.[12]

e스포츠 선수들의 평균 나이는 어리다. 평균적으로 14-26세이다. 이들은 여전히 정신적 가치, 동료, 습관 등에서 많은 도움을 받는다. 이러한 것들은 자신의 삶이나 e스포츠 영역의 밖의 일이지만, 이 모든 것은 e스포츠에 대한 자부심이나 성공을 결정하는 데 중요한 역할을 한다.[13]

우리 모두의 구성원들이 하나의 팀이 되기 위해서는 복잡한 계획이 준비되어 있어야 한다. 선수들의 열정, 하루 종일의 연습만으로 충분하지 않다. 우리 자신의 마음가짐의 훈련이 잘 준비되어 있어야 한다. 물론 그 마음의 훈련은 실전의 훈련과 주어진 상황

---

12 **역자 주** 어떻게 보면 프로e스포츠 선수들의 기량은 배운다고 급격하게 늘지는 않는다. 처음에는 열심히 배우면 실력이 증대되는 것을 볼 수 있지만, 높은 레벨에 있는 선수들은 자신이 노력한 만큼 비례적으로 실력이 늘지 않는다. 이는 심리적 불안감에 영향을 미친다. 역자가 수행하는 검도도 마찬가지다. 30년 넘게 검도를 배우고 있지만, 지금의 검도가 더 어렵게 느껴진다. 검도의 승부를 결정하는 것은 신체적 능력도 중요하지만, 높은 수준의 경기에서는 정신적 준비가 승부를 결정한다. 하지만 마음의 작동을 이해하기란 쉽지 않다.

13 **역자 주** 한국의 e스포츠 선수들은 평균 20세 초반이다. 그들은 어릴 때부터 e스포츠 세계에 참여함으로써 부모나 친구, 감독, 코치의 영향을 많이 받을 수밖에 없다. 경기의 영역을 벗어나 일상적인 생활의 습관이나 동료에 대한 존중의 행동이 경기에서 상당한 영향력을 미친다.

과 연결된 마음가짐의 훈련이 되어야 한다.

　마음의 준비와 관련하여 가장 어려운 점은 어떤 특정한 생각을 발견하는 것은 아니다. 마음가짐의 훈련은 명료한 결론을 이끌어 낼 수 있어야 하고, 그것은 일상적인 삶과 습관 속에서 형성되어야 한다.[14]

14　**역자 주** 마음의 준비와 관련한 저자의 생각은 경기에서 승리만을 위한 마음 기술에 초점을 맞추는 것이 아니라고 주장한다. 마음 훈련은 마음의 본질을 알고 일상에서 적용하여 습관으로 이어져야 한다. 이것이 경기에서 자연스럽게 발현되어야 한다는 점을 강조한다. 경기의 승리를 위한 마음 훈련이 일상에서도 그대로 적용되지 않으면 실제로 경기에서도 일정 정도 한계를 가진다고 저자는 설명하고 있다.

보이지 않는 e스포츠

1

목표와 대상

목표와 대상

세상은 기회의 창고이다. 매일 세상은 우리에게 새로운 경험을 제공한다. 자신에게 주어진 단계에서 성공 여부는 개인의 결정에 달렸다. 그것은 e스포츠나 다른 비즈니스의 사회와 다르지 않다.

대다수 사람들은 그들의 일상적인 삶을 목적 없이 살아간다. **모든 사람이 희망과 꿈을 가지고 있다는 사실과 관계없이** 말이다.[15]

영화 속에서 돈과 지식이 목적이 아닌 삶을 살아가는 사람들을 생각해 보자. 이러한 삶은 한여름 밤의 꿈과 같은 길로 인도하여 다음과 같은 상상이 가능하다. 즉 무한대의 자원을 가진 사람들은 어디에 살며, 어디로 여행 가는지, 우리의 삶을 만족시키는 것이 무엇인지 안다. 하지만 그들 대부분은 자신의 꿈을 구현하기 위해

---

15 **역자 주** 우리 자신이 지향하는 목표가 무엇인지 자신에게 질문하느냐 하지 않느냐에 따라 우리의 목표는 우리 각자에게 다르게 다가온다. 프로e스포츠 선수들은 하루에 12시간 이상 훈련을 하는 이유는 최고의 선수가 되겠다는 목표가 있기 때문이다. 다른 사람들이 e스포츠를 통해 그냥 시간을 보내는 것과 다르다. 인간의 삶은 드러나지 않지만 자신의 관점에서 대상을 생각하고 살아간다. 누구나 자신의 관점에서 대상을 생각하고 행동한다. 하지만 자신에게 지향하는 목표가 무엇인지 구체적으로 질문을 잘 하지 않는다. 우리의 무의식적인 행동도 그 밑바탕에는 자신의 경험이 축적되어 나오는 자신만의 관점이 개입된다는 점에서 자신의 행동에 대한 질문은 의미가 있다.

구체적으로 목표를 전환하고, 그 목표를 실현하기 위한 필요한 단계를 생각하지 않는다.

실질적인 목표가 없으면 어떠한 이득도 가질 수 없다.

목표의 중요성은 목표의 등장 그 자체가 자신의 행동을 위한 필요성을 자연스럽게 만들어낸다 ❶. 우리는 목표를 설정할 때 자신의 삶이 살아 움직이게 된다. 목표가 없다면 우리는 게으른 생각을 만들어내고, 자신의 행동으로 이어지지 않는다. 대부분의 사람들은 꿈은 현실이 되지 않는다고 받아들인다. 아니면 적어도 우리의 문화라는 측면에서 받아들여야 한다고 말을 한다.

하나의 목표는 확실한 삶의 방식을 결정한다. 그것은 어느 정도 최고의 e스포츠 선수 뿐만 아니라, 뛰어난 과학자, 유명요리사들이 되기 위한 방법이다. 가능성에는 끝이 없다.

우리에게는 매력적이고 지속가능한 목표를 세우는 것이 중요하다. 그렇게 함으로써 시간이 필요한 목표는 타당성을 가질 수 있고, 그 목표를 위해 싸우는 것이 가치를 갖는다. 사라져가는 목표는 제거해야 한다. 우리는 지속가능하고 이룰 수 있는 타당한 목표를 선택해야 한다. 자신의 지속가능한 목표는 항상 견고하고 성공가능성을 보장한다.

깃발을 생각해보자. 깃대의 봉을 땅속 깊이 파서 충분히 고정하지 않으면, 바람에 의해 깃대는 넘어질 것이다. 그러면 그 깃발은 방향을 잃어버려 우리의 관심을 끌지 않을 것이다.[16]

---

16 **역자 주** 누구나 자신의 관점에서 목표를 설정하고 나면 자연스럽게 그곳에 도착하기 위한 방법을 만들어내고 이를 달성하기 위해 노력한다. 하지만 우리가

적절한 목표란 무엇인가?

　e스포츠 선수의 적절한 목표란 **마음속에서(heart) 나와야 한다.** 그것은 e스포츠 선수들이 탁월하고자 하는 인간의 욕망에서 나온다.[17]

"세계에서 가장 강한 팀이 되고자 한다."

　우리가 목표를 선정할 때 다양한 문제가 자신에게 나타난다. 여기에서는 생각해야할 여러 가지 질문에 답을 할 수 있어야 한다. 즉 정확하게 '나'라는 의미는 무엇인가? 한국을 넘어 전 세계적인 선수란? 그렇게 되기 위한 능력은 무엇인가? 선수나 감독으로서 역할은 무엇인가? 이러한 각각의 문제를 검토할 때 우리는 목표 달성을 위한 다양한 방법이 존재함을 인식해야 한다. 그것은 특정한(specific) 목표 설정과 일반적인(general) 목표 설정으로 설명이

　　설정한 목표를 최고의 가치로 판단하지 말아야 한다. 이것은 저자와 역자가 생각하는 목표의 지향점이 다르다. 명확한 목표 설정은 필요하지만 그것에 대한 맹신도 배제해야 한다. 목표 설정도 자신이 다룰 수 있는 방향으로 설정해야 한다.

17　**역자 주** 우리는 다음과 같은 질문을 자신에게 던져야 한다. 프로e스포츠 선수의 목표가 자신의 이성적인 생각에서 나오는지 아니면 자신의 가슴속에서 나오는 것인지에 생각해 보아야 한다. 사실 프로e스포츠 선수가 되기란 쉽지 않다. 예컨대 한국에서 서울대 입학 정원이 약 3,000명이다. 대학 입학시험을 치는 학생이 50만 명이라면 서울대에 입학하기 위해서는 약 0.6%에 들어야 한다. LCK의 10팀에 각각 10명이 있다고 하면 총 100명이 프로e스포츠 선수로 활약한다. 프로선수의 입단 기준은 최소한 2,000명 정도인 마스터(0.004%) 수준에 있어야 한다. 현실적으로 프로e스포츠 선수가 되기란 쉽지 않다.

가능하다.

특정한 목표는 명료하게 보이기 때문에 유용하다. 시간의 흐름에 따라 구체적인 단계의 설정이 가능하다. 반면에 단순한 목표는 시간이 지나감에 따라 점점 더 불명확하게 된다.

이러한 해결책은 우리가 꿈꾸는 목표와 명확한 대상(objective)이 밀접하게 연결되어 있기 때문에 두 가지 관계를 상세한 그림으로 나타낼 수 있어야 한다. 이것은 살아있는 것으로 나에게 보여야 한다.

짧거나 긴 목표설정

짧은 기간의 목표는 행동의 명확한 계획을 가지고 있어야 한다. 짧은 기간의 목표란 산에서 계곡으로 내려올 때 가장 빠른 지름길이 어디에 있으며, 곧은 길을 명확하게 그리는 것이다. 이렇게 제시된 그 길은 지도가 되어 자신의 움직임에 따른 시간을 배부하여 자신이 가장 쉽게 갈 수 있는 충분한 가이드를 제공한다. 짧은 목표는 하나의 해야 할 일(project)을 처리하는 데 유용하다. 그러나 짧은 목표가 우리가 달성해야 할 과정에서 커다란 대상의 일부분으로 나타나는 경우에는 잘 계획해야 한다.

긴 기간의 목표를 세우는 동안에 우리는 그 길의 방향을 세부적으로 파악하기란 쉽지 않다. 긴 기간의 목표에서 우리는 대부분의 출발점에서 설정한 목표의 방향을 명확하게 설정하지 못하고 대부분 하나의 생각이나 관념에 의존한다. 이러한 상황을 극복하기 위해 우리는 어떻게 가야 하는지 지도에 그림을 그리면서 출발해야 한다. 그러한 목표의 방향에 도달하기 위해 우리는 자신의 인내력과 결단에 의존해야 한다. 그것은 오랜 여정과 같은 것이다.

오랜 시간이 걸리는 목표를 위해 나를 알고 있는 사람들에게 진지하게 목표를 말할 때 우리가 듣는 첫 번째 반응은 '당신은 미쳤다'이다. 하지만 이것은 우리가 올바른 길을 가는 좋은 가르침이다. 현재의 상황을 고려해 본다면 우리가 도달하고자 하는 목표와 멀리 떨어져 있기 때문에 시도 자체가 미친 짓이라고 생각을 한다.

"오늘 고등학교를 졸업한 보통의 학생이지만 나는 멀리 떨어진 큰 도시에서 나의 팀과 함께 승리를 쟁취할 수 있을 것이다."

세상은 실현해야 할 미친 꿈들로 가득 차 있기 때문에 큰 꿈을 가지는 것은 의미가 있다.

적절한 목표는 정직해야 하고 우리에게 영향력을 주어야 한다.

단지 우리는 적절한 목표를 받아들이기보다는 우리 스스로 자신의 목표를 설정해야 한다. 우리 주위의 모든 사람이 나름대로 자신의 목표가 있다. 부모, 친구 심지어 경쟁을 하는 조직들도 목표가 있다. 목표가 있다는 것은 사람들이 목표를 향하여 나아가길 원하는 인간의 기본적인 본성이다. 하지만 목표는 비합리적인 기대라고 말할 수 있다. 왜냐하면 모든 사람이 너무 바쁘게 살아가기 때문에 그들의 목표에 도달하기 어렵기 때문이다. 이러한 모순적인 상황을 극복하기 위해 팀의 구성원들은 그들을 하나로 묶을 수 있는 하나의 공통적인 목표를 설정해야 한다.

우리는 항상 우리 자신에게 정직해야 한다. 적절한 목표를 달성하기 위해 우리는 정직을 유지해야 한다. 자기기만은 다른 사람의 꿈을 좇아 짧은 시간에는 성공적으로 작동이 가능할지 모른다. 하지만 조만간에 그렇게 가는 길이 시간 낭비이며 이익 없는 행동이 될 가능성이 높다.[18]

많은 사람은 부자가 되기를 기대한다. 그러나 우리가 외형적으로 부유한 사람을 만날 때면 경멸적인 생각을 갖기도 한다. 우리가 목표를 통해 실현할 수 있는 삶의 상황에서 부자의 위치에 도달하지 못하거나 부자가 되는 것에 방해를 받아 그 목표에 도달하지 못했다는 사실에 내적 모순의 충돌을 일으킨다. 이러한 상황에서 우리는 더이상 정직할 필요가 없다고 생각한다.

흔들리지 않는 목표는 우리가 시간이 지난 후에 회상하더라도 명확하게 자신에게 상기되어야 한다. 이러한 목표는 긍정적인 감정을 만들어내는 이미지로 떠올려야 한다. 이러한 감정이 우리에게 강한 영향력을 미칠 때 우리는 올바른 방향으로 나아가고 있다.

적절한 목표는 잘 정리되어 있어야 한다.

목표의 중요한 요소는 **잘 정리되어 있다**는 사실이다. 그래서 목표는 항상 초점을 잘 맞추어야 한다. 이것은 사소한 문제로 들릴 수 있다. 하지만 어느 날 많은 사람들은 목표를 중요한 것으로 생

---

18 **역자 주** 우리는 다른 사람을 얼마든지 속일 수 있다. 하지만 자신이 다른 사람을 속이고 있다는 사실만은 속일 수 없다. 자신이 속임수를 쓰는지 정직한지 자기 자신은 알기 때문이다.

각하지만 다음날에는 기억하지 못하는 상황도 발생한다. 그래서 일 년이나 그 이후 그 목표를 다시 생각해 보면 우리가 목표에 도착하지 못한 것에 대해 실망하게 된다.

목표와 관련해서 중요한 것은 주문과 마찬가지로 끊임없이 초점을 강조하거나 반복해서는 안 된다는 사실이다. 반대로 목표는 우리의 의식에 뿌리 깊게 각인되어 있어야 한다. 목표를 실제로 구현하기 위해서는 우리의 몸 상태는 그 목표를 수행할 수 있도록 잘 구비되어야 한다. 단지 우리의 행동이 뒷받침되지 않은 목표만을 생각한다면 흘러가는 자연에서 잎사귀와 같은 하나의 강한 인상만으로 남게 된다. 우리의 손에 앉은 잎사귀는 바람이 불면 빠르게 사라져버리기 때문이다.

따라서 진정한 목표는 목소리의 기억을 통해 저장해야 하고 종이에 기록되어야 한다. 덧붙여 아이들이 좋아하듯 목표를 그림으로 그릴 수도 있어야 한다. 여러분에게 가장 적절한 개인적인 방법은 자신의 목표를 그려낼 수 있어야 한다. 그것은 여러분의 개성을 드러내는 것이다. 비록 그 내용이나 그림이 유치하게 보일지라도 일정 정도 영구적인 기록으로 만들어야 한다. 우리가 이러한 목적을 적절하게 달성할 때 이러한 기록은 공개 가능한 타임캡슐 같은 기능으로 작동한다.

기록된 목표는 안전하게 모셔놓아야 한다. 어느 학교에서는 목표를 그린 그림과 글을 캡슐에 넣거나 한다. 반면에 다른 사람들은 액자에 넣거나 안전한 곳에 잘 보관한다. 구체적인 완전한 그림은 구체적인 목표를 시각화하는 데 도움이 된다.

구체적인 목표들은 사라지지 않고 남는다.

하나의 목표가 구체적일수록 현실과 더 밀접하게 연결된다. 많은 사람들은 집의 크기, 스타일, 장소에 대해 생각하지 않고 자신의 집을 갖는 데 꿈을 꾼다. 목표의 세분화는 완전한 그림을 시각화하거나 형상화하는 데 도움이 된다.

목표는 목표가 만들어지는 순간에 실현되기를 원한다.

상세한 비전이 뒷받침될수록 그것이 실제로 더 매력적으로 보인다. 케이크가 정성스럽게 장식된 형태는 손님들에게 맛있어 보일 확률이 높다.

어떻게 목적을 실현할까?

목표에 직면했을 때 가장 어려운 문제는 어떻게 그것을 현실적인 것으로 만들어내느냐의 문제이다. 모든 사람이 꿈을 가질 수는 있지만 대부분의 목표는 목표로 남는다는 사실이다. 많은 사람들은 이러한 실패를 부적절한 기술이나 이용 가능한 자원의 부족으로 그 이유를 돌린다.

현실은 상상하는 것보다 더 많은 창의적인 것들이 존재한다.
왜냐하면 현실은 상상력의 단어를 알지도 못한다.

우리의 사고는 아마도 우리가 사용 가능한 가장 빠른 도구이다. 짧은 시간에 인간은 완벽하게 새로운 비전을 만들어낸다. 하지만 이것은 해수욕장의 모래성처럼 강한 바람에 사라질 가능성이 높다.

보이지 않는 e스포츠

모래 위에 튼튼한 집을 짓기 위해서는 충분한 모래가 구비되어야 한다. 그러나 실질적인 건물을 올리기 위해서는 전문적인 건축가와 적절한 재료 그리고 단단한 기초공사가 전제되어야 한다 ❷.

우리의 비전과 관련된 특징적인 것은 비전이 우리의 머리에 씨를 심듯이 각인되어야 한다는 점이다. 당신이 바라는 무언가를 주의 깊게 어떤 사람들에게 이야기해야 하는 이유가 여기에 있다.

목표는 그것을 실현하기를 원한다.

자연은 목표를 실현하는 데에 우리에게 적절한 교훈을 준다. 예컨대 다음과 같이 우리는 자신의 과일나무에서 열매를 얻는다고 생각해 보자. 어떻게 우리는 나무에서 풍성한 열매를 맺게 할 수 있는가?

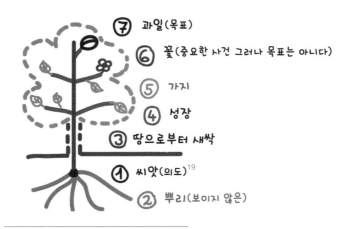

⑦ 과일(목표)

⑥ 꽃(중요한 사건 그러나 목표는 아니다)

⑤ 가지

④ 성장

③ 땅으로부터 새싹

① 씨앗(의도)[19]

② 뿌리(보이지 않은)

---

19 **역자 주** 저자는 이 나무에서 씨앗을 의도(intention)라고 설명한다. 하지만 정확한 의미는 자신의 고집이 배제된 중립적인 생각을 의미한다. 즉 의도란 특정한 생각에 대한 자신의 의견이 개입되지 않는 자연스러운 마음가짐으로 번역해야 한다. 이러한 태도로 앞에서 언급한 마음속에서 나오는 씨앗을 심어야 한다.

1. 첫 번째로 우리는 씨를 뿌린다. 그 속에 우리의 목적이나 정확한 마음가짐에 따라 자신의 방향 쪽으로 행동하고자 한다. 우리는 씨앗이 좋을수록 더 나은 나무라는 결과물을 얻는다.

이러한 예에서 씨앗은 우리의 희망과 꿈을 상징한다. 우리는 경기 상황, 위대한 승리, 명성, 행복을 꿈꾼다. 우리는 신중한 생각과 바른 장소에 씨앗을 심고 돌보면 미래에 잘 자란 나무을 볼 것이다.

2. 곧 씨앗은 발아하고, 땅속에 뿌리를 내리게 된다. 씨앗이 땅에 묻혀 있는 동안에는 보이지 않는다. 먼지가 건조하고 날씨가 뜨거워지면 우리는 물을 뿌려준다. 뿌리는 우리가 간직하는 꿈이다.

대부분의 꿈은 혼자 이루기보다는 함께 결과물을 공유하고자 하는 희망의 동료가 필요하다. e스포츠에서는 팀 동료가 그들이다. 즉 길고 단단한 뿌리의 중요성이 무엇보다 중요하다. 일생 동안 나무가 살아가는 동안 강력한 비바람과 폭풍을 맞는 것은 당연하다. 이 속에서 나무의 생존 능력은 중요한 요소가 될 것이다. 개개인들이 좋은 팀을 구성하기 위해서는 오랜 동안 함께 협력하여 왔을 때 강력한 힘을 발휘하게 된다.[20]

---

20 **역자 주** 팀 경기에서 강력한 힘은 개개인이 갖는 능력의 합보다는 팀 동료에 대한 존중과 인정에서 나온다. 최고의 선수들이 모여 경기에 참가한다고 반드시 우승한다는 보장은 없다. 담원 게이밍은 2부 리그 우승을 한 탄탄한 팀워크를 통해 1부 리그 우승을 하였고, 2020년 중국에서 열린 롤 월드컵에 우승하였다. 우승의 요인은 다양하지만 그들 간의 오랜 신뢰가 가장 중요한 요소라 생각한다. 우승의 개인적인 경험이다. 나의 검도 선생님은 세계검도대회에 우승을 시킨 감독이다. 그는 우리 도장의 단체 팀을 구성할 때 잘하는 선수들로만 팀을

보이지 않는 e스포츠

3. 땅으로부터 싹이 돋아날 때 그것은 너무 작아 나무나 과일의 모습은 보이지 않는다. 하지만 이때가 가장 관심을 가져야 할 시기이다. 왜냐하면 이때가 가장 쉽게 시들어 죽거나 말라죽는 시기이기 때문이다. 이때가 많은 동물들에게 뜯어먹히기 쉽다.

모든 초보자는 e스포츠에 대해 허약한 감각을 가진다. 처음 탄생한 e스포츠 팀들이 경쟁력을 갖기 위해서는 많은 시간이 필요하다. 신생팀들이 허약한 것은 당연하다. 하지만 허약한 신생팀이 살아남기 위해 방어적인 측면에만 집중한다면 모든 외부의 공격에 쉽게 노출될 가능성이 높다.[21]

4. 우리의 어린 묘목은 천천히 지속적으로 성장한다. 나무와 같은 형태로 자라기 위해서는 오랜 시간이 필요하고, 하나의 나무로 성장한다. 하지만 나무의 성장을 위해서는 많은 나무의 잎과 가지가 나타나야 한다.

인내와 끈기는 꿈을 키우는 데 절대적인 영양분이다. 나무를 빨리 성장시키는 마법 같은 방법은 없다. 성장하기 위해서는 오랜 시간이 필요하다. 꿈의 실현도 마찬가지로 오랜 시간이 필요하다.

구성하지 않는다. 적절하게 팀을 구성한다. 물론 잘하는 선수들로 구성된 팀을 당연히 우승 후보로 생각한다. 하지만 많은 경우 우승하지 못할 것이라는 팀의 우승 확률도 높았다. 개인적으로 뛰어난 선수들이 실수하거나 자신만의 플레이가 풀리지 않을 때 문제가 발생한다. 반면에 기량이 비슷한 팀은 자신의 동료를 믿고 주어진 역할에 최선을 다하겠다는 생각을 한다. 동료에 대한 믿음과 신뢰가 단체 경기의 승리를 가져다주기 때문이다.

21 **역자 주** 새싹의 성장에는 환경의 요소가 중요하다. 여기에서는 e스포츠의 감독이나 코치의 역할이 중요하다. 역자가 아는 뛰어난 감독은 선수들이 어리기 때문에 아버지와 같은 역할로 선수들을 가르친다고 하였다.

비록 나아가는 방향이 때때로 보이지 않더라도 모든 단계의 움직임이 우리가 바라는 성공 구현에 가까이 다가가게 만든다. 물론 우리가 기대하는 방향으로 나아가는 과정을 경험하지 못하는 경우도 발생한다. 우리가 계획했던 것과 같은 상황이 나에게 나타나지 않을 수 있다. 하지만 이러한 상황이 우리를 실망시킬 수는 없다. 우리는 하나만을 기억하자. **꿈은 우리의 상상력을 따라가야 한다. 반면에 목표는 자연스러운 힘에 따라야 한다.** 이러한 주장은 외형적으로 본다면 서로 모순된다. 자신이 꿈꾸는 내용이 실현되는 것과 우리의 목표가 성취하기 위해 자연스럽게 성장하는 것은 다를 수 있기 때문이다 ❸. e스포츠 팀을 예로 들어보자. 팀 각자의 구성원들은 그들만의 특징, 습관, 캐릭터가 전체 팀에 영향을 미친다. 여기에서 우리는 개인이 아니라 생동감 있는 하나의 전체 팀을 구성하는 것을 목표로 해야 한다. 그럼에도 불구하고 그들은 그들 자신만의 개인 기량을 드러낼 수 있어야 한다. 이러한 힘은 처음에는 보이지도 않고 자신의 성장을 방해할 만큼 커다란 영향력을 미치지 않는다.[22]

5. 나무의 가지가 강하게 성장해감으로써 나무의 잎은 왕관 모양과 같이 풍성해진다. 우리의 나무는 더욱더 성장 가능하고 열매 맺는 과일나무를 닮아간다.

---

22 **역자 주** 우리는 자연스럽게 목표를 향해 나아가는 것이 중요하다. 승리를 위해 약물에 의존하는 것은 바람직한 것은 아니다. 승리만을 지향한다면 그 부담감은 모든 선수들에게 온다. 개인적으로 승부를 떠나 즐기는 기분으로 경기에 참여했을 때 결과적으로 승리의 기쁨은 부가적으로 따를 뿐이다. 목표를 이루는 방법이 인위적인 것이 아니라 자연스럽게 하는 것이 최고의 힘을 발휘한다. 세상 모든 일이 다 그렇다.

보이지 않는 e스포츠

팀들은 더 많은 경기에서 경쟁하고 경험을 한다. 우리는 이 경쟁에서 생존을 해야 한다. 그 속에서 우리는 중요한 것을 얻어야 한다. 바깥에 있는 다른 사람들은 팀 경기 결과에만 관심을 둔다. 그러나 승리에 대한 집착은 그들 자신의 기대와 근본적인 꿈을 포기하거나 저하시키는 실수를 만들어낸다. 더 많이 얻을 수 있도록 설정한 목표는 자신들의 팀 성장에 방해한다. **자신의 원래 목표를 포기함으로써 자신을 변화시키지 말라.**[23]

6. 첫 번째로 꽃이 핀다. 많은 사람들은 이 단계에서 포기하고, 이 시기에 보인 아름다운 꽃이 그들이 원하는 꽃이라고 생각해서는 안 된다.

e스포츠 경기에서 팀은 특정한 긍정적인 사건을 경험한다. 그것은 단순한 것일 수도 있다. 경기에 직접적인 참여가 외형적으로 의미 없는 사건이라고 하더라도 경기의 승리가 미래에 개인이나 팀에게 변화를 야기한다. 이러한 승리 이후 팀 구축이나 팀의 발전 계획이 자신에게 일어나는 시점이다. 하지만 그 승리가 우리가

---

23 **역자 주** 팀의 성장을 위해 누구나 경기에 참여함으로써 승리를 추구한다. 하지만 승리만을 추구하기보다는 승리를 통해 어떻게 자신을 성장시키고 만들어 갈 수 있는지에 초점을 맞추어야 한다. 팀 승리는 과정의 결과일 뿐이다.

바라는 최종의 목표는 아니다.[24]

7. 인내가 사실상 과일을 만들어낸다. 꽃이 핀 다음에 나무는 원래의 조건으로 돌아갈 예정이다. 몇 달 후에 작은 열매가 나타난다. 약간의 과일이 보이고 몇 년간의 시간이 흐른 다음에 성숙한 나무로 성장한다. 성장한 나무는 우리가 가질 수 있는 것보다 더 많은 열매를 획득한다.

목표를 명확하게 하는 것은 앞의 7개의 모든 단계에 적용되어야 한다. 우리는 마음가짐의 씨앗을 심어 지속적인 노력을 경주함으로써 과일의 수학이 가능하다. 중요한 사실은 목표 지향적 인내

---

24 **역자 주** 경기에서 승리는 우리에게 많은 것을 가져다주고 자신을 변화시킨다. 하지만 뛰어난 실력으로 더 많은 연봉을 받고 이적하는 것이 e스포츠 선수들의 최종 목표로 생각해서는 안 된다. 많은 연봉을 받는 이적은 연봉만큼 실력을 발휘해야 한다. 승리만 생각한다면 선수들에게 더 부담감으로 다가와 자신이 더 이상 발전하지 못하는 원인이 되기도 한다. 경기에서 승리가 모든 것을 가져다주는 것은 아니다. 큰 경기에 우승함으로써 많은 상금을 받을 수 있지만 내년에도 경기는 있고 그 속에서 챔피언을 유지하기란 쉽지 않다. 경기에서 영원한 패자와 영원한 승자는 없다. 경기 승리는 다시금 준비하는 거름으로 받아들여야 한다.

보이지 않는 e스포츠

와 노력이다.[25]

노력은 중요하다. 왜냐하면 우리의 목표는 하룻밤에 형성되지 않기 때문이다. 우리는 자신의 성공 기회를 갖기 이전에 포기한다면 모든 단계에서 적절한 가치에 대한 보상을 할 수 없다. 우리는 결코 그 결과를 얻지 못하는 것에 가치를 부여해서는 안 된다.[26]

비록 외적인 환경이 우리의 길을 가는 데 영향을 미친다고 할지라도 흔들리지 않는 태도가 우리의 목표를 가까이에 가도록 만든다. 팀에서 우리는 공동의 목적을 위해 개개인의 공헌과 역할이 통제되어야 한다. 하지만 우리는 다른 사람을 위해 승리하는 것을 넘어 다른 사람과 같이 승리하는 것이 필요하다.

과일나무로 설명해 보자. **공동의 노력 없이는 나무는 성장하지 않는다. 경기를 하는 동안 승리 획득의 노력도 공동의 노력과 다르지 않다.** 팀이 경쟁할 때 팀 구성원들의 머리에서 생각해야 할 가장 중요한 사실은 팀 구성원이 그들의 목표를 향해 같이 행동한다는 점을 인식해야 한다.[27]

> **다음번의 경기에서 어떻게 승리할 수 있는가?**

---

25 **역자 주** 경기의 목표는 승리에 있기보다는 지속적인 노력과 훈련에 초점을 맞추어야 한다. 그 과정에서 가장 중요한 것은 e스포츠에 대한 변함없는 자신의 애정과 사랑이다.

26 **역자 주** e스포츠는 배우기는 쉽다. 하지만 마스터하기란 쉽지 않다. 프로e스포츠 선수가 되기란 일반 프로스포츠선수들과 비교한다면 훨씬 더 힘들다는 것이 사실이다. 한국에서 축구선수가 프로선수가 될 확률은 약 0.3%이다. 프로e스포츠 선수들은 각 종목 상위 200등에 포함되어야 한다. 20만 명이 경기에 참여한다고 할 때 프로가 될 확률은 0.001%이다.

27 **역자 주** 승리의 결과는 선수들의 노력도 있지만 그것을 뒷받침한 감독, 코치, 경기를 뛰지 않는 동료, 팬, 후원자 등 모든 사람의 지지의 결과로 나타나는 것이다.

e스포츠 경쟁의 세계에서 일어나는 가장 중요한 문제는 모든 경기 과정을 자신이 어떻게 통제할 것인가이다. 다음번의 경기 승리가 실제로 도달해야 할 목표로 고려해서는 안 된다. 경기에 참여하는 참여자들은 30분에서 1시간 이상 지속적인 집중을 하지 못한다.

선택의 확장성과 무게

다음번의 경기와 오랜 자신의 목표 간에는 일반적인 지향점이 존재한다. **하지만 그 길은 명확하게 드러나지도 않고, 많은 변수가 존재한다.** 명확하게 계획된 전략은 선수가 경기에서 적용한 기술을 설정하는 데 도움이 된다. 그러나 상대가 다른 방향으로 전략적 수정을 한다면 우리의 전략은 자신의 선택옵션을 좁게 만들 가능성이 높다. **우리는 승리를 얻기 위한 많은 방법이 있다**는 사실을 기억해야 한다. 승리를 위한 대상은 우리의 선택을 좁게 하는 것이 아니라 선택을 넓히는 데 있다.

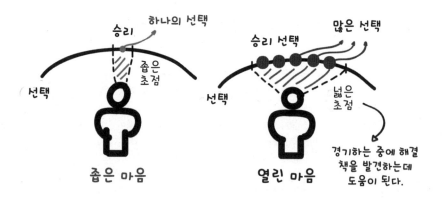

경기에서 승리를 위해서는 우리의 전략적 선택을 넓게 하자. 만약 우리가 경기에 들어가기 전에 몇 개의 전략을 가지고 있다면 기대하지 않은 상황에 더 잘 대응할 수 있다. 열린 마음은 창의성을 만들어내는 데 도움이 된다. 그러나 열린 마음의 태도가 바로 다음 경기에 뛰어들어갈 수 있음을 의미하지 않는다. 창의성은 항상 게임과의 조화 속에서 나타난 결과로서 드러나는 것이지 인위적인 힘과 시행착오의 형태로 나타나지 않는다.[28]

종종 우리의 외적 자아는 승리에 대한 하나의 방법을 이야기해주며 그것이 특별한 방법이라고 주장한다. 하지만 이러한 견해는 부정적인 결과를 초래한다. **왜냐하면 자신이 볼 수 있는 시각의 영역을 축소시킨다. 그리고 승리의 목표에 도달하기 위한 다른 해결책의 많은 선택지를 보지 못하게 하는 결과를 초래한다.** 열린 마음(openness)과 본능은 경기에서 매우 중요한 요소이다. 작은

---

28 **역자 주** 좁은 마음과 열린 마음을 이해하기란 쉽지 않다. 어느 한곳에 마음을 두면 다른 부분을 보기란 쉽지 않다는 것이다. '춤추는 고릴라의 실험'이 있다. 사람들이 농구공의 패스 숫자에 관심을 가지면 사람들 사이에서 움직이는 고릴라 복장을 한 사람을 파악하지 못한다. 이는 주의력 착각의 실험에서 잘 보여준다(김명철 역, 2011).
검도에서 자신의 초점을 상대의 칼끝에 두지 마라는 이야기가 있다. 단무지라고 불리는 노란 무를 만든 사람은 다쿠앙 소호(澤庵宗彭, 1573-1645)이다. 그는 우리의 마음을 상대 어느 한곳에 두면 상대의 칼에 마음을 빼앗긴다고 하였다. 우리의 전략이 상대에 맞으면 승리로 이어지겠지만, 상대가 그렇게 나온다는 보장은 없다. 따라서 화면 속에서 다양한 상황에 대처하기 위한 우리의 마음가짐은 열린 마음이다. 다쿠앙은 그의 저서인 '부동지신묘록(不動智神妙錄)'에서 자신에게 일어나는 마음을 그냥 내버려두는, 즉 심요방(心要放)의 자세를 주장한다. 그는 부동심을 어느 한곳에 머물지 않게 하면 마음은 어디에도 있게 된다. 어느 한곳에 초점을 맞추면 다른 움직임을 보지 못한다. 열린 마음은 불교의 '금강경(金剛經)'에 나오는 말과 유사하다. 즉 마땅히 어느 한곳에 집착 없이 그 마음을 내어야 한다(應無所主 而生其心). 물론 열린 마음을 실천하기란 쉽지 않다. 부동심, 평상심, 무심과 관련해서는 이상호(2019a)를 참조.

부분에 관심을 둔다면, 우리 경기진행 과정에 있는 모든 변화에 표시를 해야 하고, 주어진 전개 사항을 전부 알아차려야 한다.[29]

의지(will)와 의도(intention)

또 다른 경기를 위한 적절한 준비 요소는 승리에 대한 스트레스[30]를 떨쳐버리는 것이다. 스트레스란 도달해야 할 명확한 길이 보이지 않는 상황에서 나타난 마음의 혼란이다. 스트레스는 창의력 발휘의 장애물이다.

만약 내가 목표에 대해 스트레스를 갖는다면 그곳에서 극복할 수 있는 방법을 발견할 수 있다고 생각하지 마라.

경기 전에 올바른 정신적 태도는 우리 자신들에게 '**우리는 승리를 위해 최선을 다할 것이다**'는 다짐이 중요하다. 우리의 마음은 최선을 다한다는 열정에 초점을 맞추어야 하고, 승리를 위한

---

29 **역자 주** 우리의 사고를 결정하는 중요한 부분이 뇌이다. 뇌가 작동하기 위해서는 에너지가 필요하지만, 뇌는 스스로 에너지를 만들어내지 못한다. 따라서 뇌가 모든 상황에 판단하고 신경을 쓴다면 뇌에게 과부화가 일어나게 되고 피로는 가중된다. 이는 우리가 올바른 예측을 하는 데 방해가 된다. e스포츠 경기의 승패는 생각의 개입이 없는 패턴의 예측에 따라 승부가 결정된다. 이와 관련해서는 이상호(2020b)를 참조.

30 **역자 주** 스트레스의 극복 방안으로 우리는 심호흡을 크게 하라고 한다. 생리적 현상으로 틀린 이야기가 아니다. 스트레스를 받으면 교감신경계가 확장하여 심박수나 호흡 등 신체 기능을 활성화한다. 이는 자연스러운 움직임을 방해한다. 교감신경계를 조정하기 위해서는 부교감신경이 작동해야 한다. 인위적으로 호흡을 크게 하면 부교감신경계를 통제하는 미주신경을 활성화한다. 이를 통해 교감신경계와 부교감신경계가 균형을 이룬다(임지원 역, 2017: 405).

보이지 않는 e스포츠

내적 방법에 대해 자유로워져야 한다. 이러한 태도로 우리의 마음은 열려 있어야 한다. 열린 마음의 작전은 도화지에 자유롭게 그림을 그릴 수 있게 만들어야 한다.

의지와 의도 사이에는 중요한 차이가 있다. 의지는 사람으로 하여금 명확한 비전 없이 길을 가게끔 강요한다. 반면에 의도는 정해진 장소에 도착하기 위해 계획의 출발점에서 이제 출발을 하겠다는 사인과 유사하다. **의도는 자유를 만들어낸다**(intention announces freedom).[31]

결핍은 종속과 닮았다. 반면에 자연스러운 마음 자세는 그냥 자신의 마음을 내버려두어야 한다. 우리가 무언가에 더 많이 집착할수록 우리의 손가락 사이로 사라져버린다.

우리의 목표가 과일나무에서 열매를 수확하는 것이라면, 먼저

---

31 **역자 주** 의도의 사전적 의미는 "무엇을 하고자 하는 생각이나 계획. 또는 무엇을 하려고 꾀함"이다. 의지는 "어떠한 일을 이루고자 하는 마음"이다(국어국립어 표준국어대사전). 의지는 내가 무언가를 이루어야겠다는 생각이 추가된다. 역자는 여기에서 의도는 자연스러운 마음가짐이라 하였다. 마음가짐은 승리를 떠난 마음 태도이다. 승리에 대한 집착은 어깨에 힘이 들어가 결코 경기에서 승리를 가져다주지 않는다. 검도 경기에서 역자는 상대를 의식하지 않는다. 검도는 짧은 시간에 승부가 난다. 상대를 의식하는 것은 나 자신의 자연스러운 움직임을 방해하기 때문이다. 여기에 의식적으로 생각한다면 그만큼 행동은 늦을 수밖에 없다. 상대를 의식하지 않고 자신의 본능에 따라 움직인다. 의식한 공격이 성공할 경우도 있지만, 의식하지 않고 상대를 공격한 후 내가 그러한 공격을 했었다고 생각하는 것이 가장 아름다운 공격이다. 개인적으로 검도 결승전의 경험은 잊을 수 없다. 검도는 두 판의 공격이 성공하면 승패가 결정난다. 역자는 결승전에서 먼저 한 판을 이기자 이번에는 우승하겠다는 생각을 하였다. 그러나 그러한 생각이 상대의 공격 성공으로 이어졌다. 다시금 우승에 대한 생각을 버리고 경기에 임하였고 그 경기에서 우승하였다. 역자가 그 당시 개인전 우승을 할 수 있다고 생각하는 마음은 저자가 언급한 외적 자아의 속성이다. 저자는 우리의 자아를 외적 자아와 내적 자아로 구분한다. 내적 자아와 외적 자아의 역할은 6장에서 설명하고 있다.

우리는 그 나무를 자유롭게 성장하도록 내버려두어야 한다. 나무를 너무 잡고 있으면 고사하거나 질식하여 되어죽는다.[32]

마음가짐은 자연스럽게 흘러가게 해야 한다. 그것은 무엇을 어떻게 한다는 것이나 고정시키는 것은 아니다. 자연스러운 마음가짐은 목표에 도달하는 방향성에 창의성의 여지를 만들어준다. **우리가 적절하게 목표를 설정할 때 우리는 자신의 자연스러운 마음가짐 속에서 목표를 설정해야 한다. 그것은 목표의 힘을 축소시키는 것이 아니라 우리의 행동을 자유롭게 만들어준다 ④.**

e스포츠에서 승리의 목표 설정 과정에서 승리 준비와 도달 사이에 많은 실패와 어려움이 존재한다. 거기에는 인내와 노력만이 승리로 가는 것이라는 사실을 제외하고는 보편적인 성공 비결은 없다. 정직하고 명확한 마음가짐은 팀에게도 영향력을 미친다. 그리고 경기 진행 과정에서 올바른 마음의 과정은 하부의 의식 단계에서도 작동한다.

반면에 의지는 보이지 않는 초점으로 마음을 닫게 만든다. 의지는 나쁜 믿음을 만들어내고 팀 구성원들에게 승리만을 강요하게 된다. 승패를 떠난 마음가짐은 승리를 향한 과정에서 나타난 변화에 적응할 수 있는 가능성의 여지를 남겨준다. 승패를 떠난 마음가짐을 갖는다는 사실은 심지어 빠른 경기에서 사소한 변화를 직

---

32 **역자 주** 거울은 모든 사물을 있는 그대로 보여준다. 하지만 무언가에 집착하는 자세는 거울에 점을 만들어낸다. 점이 있는 거울은 점으로 인해 대상을 완벽하게 비춰주지 못한다. 마음 자세는 자신의 몸이 가는대로 해야 한다. 영국의 비틀스(Beatles)의 노래인 'Let it be'가 있다. 자신의 몸 움직임은 자연의 순리대로 흐름에 맡길 때 창의성이 나온다. 인위적인 생각은 부자연스러운 행동을 일으키게 하는 원인이 된다. 우리가 경기에서 일상적인 말로 힘을 빼고 자연스럽게 하라고 한다. 하지만 힘을 빼고 자연스럽게 한다는 것이 얼마나 힘든지 역자는 검도 경기를 할 때마다 느낀다.

감할 수 있게 만든다. 이러한 태도는 경기에서 숨겨진 정보도 우리에게 드러나 파악이 가능하다. 만약 우리가 의식적인 단계에서 이것을 주목할 수 있다면 우리는 올바른 길로 가고 있음을 알 수 있다.

고결한 목표

1. 자유로움을 위해 싸운다.
2. 도움이 필요한 사람을 돕는다.
3. 다른 사람의 꿈을 실현시킨다.

이러한 고결한 목표를 가진 사람은 **결코 개인적이지 않다**는 사실이다. 진실로 더 나은 목적을 위해 노력하는 사람들에게 외적 자아는 한쪽으로 비켜서 있게 된다. 그들은 개인적 목적을 위해 싸우지 않는다. 모두가 받아들이는 일반적인 선(the good)을 위한 투쟁은 빈번하게 일어난다. 예를 들어 국가를 방어하거나 독립을 위해 싸우는 것에서도 나타난다.

스포츠에서 보인 예로 설명해 보자.

1926년 조니 실베스터(Johnny Sylvester)는 심각한 척추 부상으로 병원에 누워 있을 때 그의 아버지에게 말했다. 조니는 자신이 죽기 전에 야구선수 베이비 루스가 홈런을 치는 것을 보고 싶다고 아버지에게 말하였다. 아버지는 아이의 회복을 위해 모든 것을 다하고자 하였다. 그는 세인트루이스 구단과 경기를 하는 양키스 구단에 전보를 쳤다. 그 아이는 베이비 루스의 사인볼이 포함된 항공메일 꾸러미를 받았다. 그리고 베이비 루스는 수요일에 너를 위해 홈런을 치겠다고 했다. 베이비 루스는 그날 홈런을 3개 기록했다.

두 팀은 그날 승리를 얻기 위한 동등한 기회를 가졌다. 그러나 베이브 루스를 상대한 투수는 그 게임에서 패배를 할 수 있다는 개인적 **두려움**을 가졌다. 반면에 베이비 루스는 어린아이를 돕겠다는 **용기⑤**로 무장하였다. 그날의 명성과 운은 마음을 떠나 있었다(Rober & Thomas). 다른 사람을 위해 싸운다는 것은 우리의 이기적인 생각을 벗어나는 것 외에도 다른 동기적 도구로 극복할 수 없는 새로운 힘을 불어넣는다. 마음의 이기적인 상태를 전제로 하지 않고 경쟁에 참여한다는 것은 누군가에게 더 많은 집중을 가져다주며 최고의 힘과 기술을 작동하게 한다.

목표에 도착한 이후에

비록 성공적인 사업가라고 하더라도 성공의 정도는 그들이 번 돈으로 판단해서는 안 된다. 성공한 사람들은 성공의 목표를 달성한 후 **새로운 길을 발견하기 위해 노력하는 사람이다.** 우리가 과거에 매달리는 것이 무엇이든지 간에 우리는 앞서 새로운 길을 개척해야 한다. 중요한 점은 다양한 경험을 하는 것이다. 부자가 된다는 것은 당신이 맛있는 음식을 찾아 먹는 것과 다르지 않다. 그러나 매일 단순한 나날을 보내는 것은 좋은 것이 아니다.

우리는 열린 마음으로 새로운 것에 접근해야 한다. 그리고 상상력을 자극하는 주제에도 관심을 가져야 한다. 아이들은 자신이 좋아하는 장남감에 많은 시간을 투자한다. 하지만 그들이 성장함에 따라 새로운 것이 주어지면 바뀌는 것이 사실이다. 성인도 다르지 않다.

사람들은 다음과 같은 이유로 여행을 한다. 예컨대 다른 문화의 매력적인 장소를 보거나, 다른 사람들이 어떻게 살아가며, 행복을 어떻게 정의하는지 관심을 갖는다. 우리는 상대적으로 빈곤하게 살아가는 사람들을 보면 놀란다. 하지만 그들의 공동체의 관계와 종교적 헌신을 보고 감사하다는 생각을 하기도 한다.

삶은 다양한 맛을 갖는다. 그것을 경험하는 유일한 것은 밖으로 나가겠다는 용기를 발휘하는 것이며, 새로운 모험을 떠나는 것이다. 우리가 피해야 할 것은 과거의 영광에 빠지거나 숨는 것이다.[33]

---

33 **역자 주** e스포츠 선수들은 젊은 나이에 은퇴하기 때문에 그들의 가장 큰 관심은 은퇴 이후의 삶이다. 은퇴 이후 코치나 감독, e스포츠 행정가, 해설가 등의 일을 할 수 있지만, 소수만이 그 길을 간다. e스포츠 선수들은 새로운 시도를 두려워할 필요는 없다. e스포츠에서 배웠던 빠른 판단력과 상호 협력의 태도는 사회 구성원의 일원으로 살아가는 데 중요하다.

2

정신적 측면의 준비

정신적 측면의 준비

우리가 목표를 가진다면 그것을 획득하려고 노력해야 한다. 하지만 행동 없이 꿈으로만 생각하는 것에서 우리는 어떠한 것도 이룰 수 없다.

우리가 e스포츠의 전문 기술을 습득하기 위해서는 준비와 실천이 동시에 진행해야 한다.

챔피언이 된다는 것은 재능이 아니라 노력이다.

준비에는 지름길이 없다 ❻. 기술을 배우고 발전시키기 위해서는 첫출발은 단계에 따라야 한다. 아이들의 첫발은 비틀거리는 상황을 극복하는 상황에서 이루어지며 때때로 넘어지기도 한다. 이러한 모든 것은 자연스러운 현상이다. 이러한 과정은 자신감 없는 시간을 만드는 것이 아니다. 물론 전문가에 기대는 것은 많은 도움이 된다.

우리 대부분은 프로e스포츠 선수들은 경기를 잘하는 사람들이라고 생각한다. 하지만 수년 동안의 훈련 과정에서도 그들이 동료 사이에서 최고가 되지 못하는 경우도 본다.

직접적으로 우리 자신에게 질문해 보자. 왜 자신이 성공했는지? 연습을 하는 동안 우리는 (1) 신중한 훈련을 했는지 (2) 순수한 놀이의 관점에서 했는지를 명료하게 구분해야 한다. 누군가는 수년 동안 노력했지만 프로e스포츠 선수가 될 수 없는 경우도 있다. 이것은 e스포츠의 가장 큰 함정 중의 하나이다.

우리는 의도적으로 자신의 약점을 설정하고 그것을 해결하려고 노력하는 과정에 자신의 마음에 갖고 있는 목표에 초점을 맞추어 훈련하였는지에 관해서는 이야기하지 않는다. 많은 프로e스포츠 선수들은 의식적으로 그리고 신중하게 실천을 결정하는 데 많은 시간이 필요하다. 하지만 그들은 한두 달 이후에 수년 동안 e스포츠 플레이에서 얻지 못한 그들의 중요한 기술의 개선을 주목하게 된다.[34]

많은 개인들은 뛰어난 선수들이 천재이거나 타고난 것으로 생각한다. 그러나 칭송만 하는 사람들은 프로페셔널리즘의 단계 그 넘어 있는 어떠한 것을 보지 못하는 사람이다.

---

34 **역자 주** 프로e스포츠 선수들은 일반인들이 즐기기 위한 놀이 차원을 넘어선다. 자신이나 동료 그리고 팀의 승리를 위해 모든 시간을 경기력 향상에 투자한다. 따라서 경기할 때마다 모든 집중을 해서 임해야 한다. e스포츠 경기 특성상 무승부가 나지 않는 냉혹한 승부가 결정된다. 문제는 자신이 노력한 만큼 실력이 비례해서 늘지 않는 상황이 발생한다는 점이다. 프로e스포츠 선수들은 어느 정도 타고난 재능이 있어야 한다고 한다.

하지만 재능을 바꿀 수 없다면 자신의 마음에 대한 태도에 대한 근본적인 질문을 던질 필요가 있다. 왜 e스포츠를 하는지, 무엇을 위해 이렇게 노력을 하는지, 이를 통해 다른 사람들에게 무엇을 보여주기를 바라는지 끊임없이 자기 자신에게 질문을 던져야 한다. 그리고 마음에 대한 이해를 바탕으로 최선의 노력을 다하고 있는지 답을 할 수 있어야 한다. 열심히 하다 보면 어느 순간 자신의 실력이 향상되었음을 확인해야 한다.

승리를 유지하는 팀은 대부분 재능이 아니라 열심히 노력하는 데
있다.

경기에서 e스포츠 선수의 잠재성과 그들의 실행능력 사이의 관
계를 잘 보여주는 최고의 경우는 빙산의 예로 설명이 가능하다.

e스포츠에서는 잠재성 확대를 위해 다양한 활동을 한다. 즉 주
어진 게임을 분석하고, 자극에 대한 반응속도를 줄이고, 더 많은
경험을 통해 자신감 회복 훈련을 한다. 이러한 훈련들은 게임이
진행되는 상황에서 외형적으로 보인 부분적인 측면에 잘 반응한
다. 하지만 이것은 우리에게 보이는 물위에 떠 있는 빙하의 윗부
분만을 보고 판단하는 것이다.

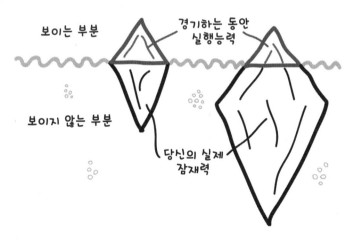

하지만 우리의 실제적인 잠재력은 대개 관중에게는 보이지 않
는다. 큰 빙하는 외형적으로 보이는 빙하의 크기보다 크다. 일반
관중에게 보인 선수의 최고 기량과 움직임은 외형적으로 보인 빙

하의 일부분이고 우리는 보이는 그 부분만을 본다.

하지만 보이지 않는 깊은 잠재력의 원천을 형성하기 위해서는 선수들은 오랜 시간의 노력이 필요하다. 그 내용은 우리에게 외형적으로 보이는 것이 아니라 외형적으로 보이지 않는 물 아래에 묻혀 있다.[35]

> ## 연습은 모든 기술의 어머니이다.

나는 똑똑한 것이 아니라 오랜 동안 그 문제와 씨름해 왔다는 것이다 (알베르트 아이슈타인).

e스포츠 성공의 정도는 90% 준비하는 데 달렸다. 우리가 연습을 언급할 때 지름길은 없다. 연습할 때 모든 것을 던져야 하느냐 그렇지 않으냐의 문제이다.[36]

모든 최선을 다하는 경우에는 부인할 수 없는 결과를 얻게 된다. 하지만 그렇게 하지 않는 경우에는 우리 자신이 어려움에 빠지는 경우만 보여줄 뿐이다.

---

35 **역자 주** e스포츠 선수들의 능력은 자신이 가진 뛰어난 전술, 반응기술, 기술로 파악한다. 하지만 뛰어난 선수들이 보여주는 기술의 완성은 그들 자신이 흘린 땀, 열정, 노력 그리고 삶에 대한 마음의 자세나 태도의 개입으로 만들어진다.

36 **역자 주** 우리가 어떤 태도로 연습에 임하느냐에 따라 그 결과는 다르다. e스포츠는 아침부터 오랜 시간 연습을 하기 때문에 지속된 집중력을 유지하기란 쉽지 않다. 그럼에도 불구하고 연습은 실전처럼 실전은 연습처럼 해야 한다. 일상에서 연습은 실전과 같은 상황을 유지해야 한다.

보이지 않는 e스포츠

대부분의 사람들은 어려운 팀 스포츠의 하나인 싱크로나이즈 수영을 잘 모른다. 경기에 참여하는 사람은 일주일에 5일 8시간씩 물 위를 오르거나 내리거나 연습한다. 6시간은 물속에서 2시간은 물에서 나와 운동을 한다. 이러한 훈련은 올림픽에서 4분 연기를 위해 그 팀 구성원의 협력과 상호 조화 속에서 아름다움의 연기를 보여준다. 하지만 관객들은 선수들의 안정된 자세를 취하기 우해 물 아래에서 움직이는 발 움직임을 보지 못한다. 싱크로나이즈 수영의 완벽한 연기는 믿을 수 없는 많은 시간의 훈련량에 의해 결정된다.

성실한 훈련은 항상 그에 대한 보답을 가져다준다. 하지만 효율적인 훈련을 위해서 다음 4가지의 변수의 변화 가능성을 고려해야 한다.

1. 연습 시간의 정도
2. 훈련 반복 횟수
3. 훈련의 질(quality)
4. 끈기 내지는 인내력

연습시간의 정도

e스포츠를 얼마나 하는지에 따라 그들을 분류할 수 있다.

재미로 좋아하는 사람들은 대부분 일주일에 8-20시간을 게임을 한다. 반면에 프로e스포츠 선수들은 일주일에 60시간 넘게 훈련을 한다. 그것이 일반 사람과 프로와의 차이점이다.

효과적인 시간(매일 평균)	범주
3-4시간(일주일 평균 8-20)	취미로 즐기는 평균적인 사람
5-6시간(일주일 평균 25-30)	풀타임 직업선수
7-8시간(일주일 평균 40-48)	뚜렷한 목표를 지향하는 풀타임 선수
9-10시간(일주일 평균 50-55)	자신의 모든 것을 e스포츠에 바친 직업선수

반복의 횟수

즉각적인 움직임과 본능적인 습관에서 나오기 위한 반복훈련은 횟수와 시간과 관련해서 다양한 견해가 존재한다. 랠리 등 (Lally, Van Jaarsveld, Potts, & Wardle, 2010)의 연구 결과에 따르면 관찰된 대상을 새로운 습관을 형성하는 데는 18일에서 25일이 걸린다.

차 운전의 예를 든다면 필요한 반복횟수는 **100회**가 되어야 자연스럽게 할 수 있다. 그 이후 운전의 움직임은 주어진 다른 상황에서도 자연스럽게 작동한다.

불필요한 연습 또는 간헐적인 반복에 따른 일련의 움직임은 뇌에 각인되지 않는다. 우리의 필요한 움직임은 시간의 흐름에 따라 연속적으로 작동되지 않는다면 간헐적인 반복은 미리 연습하거나 하지 않거나 큰 차이가 없다. **선수들이 실행할 수 있는 효율성의 단계에 도달하기 위해서는 선수들의 움직임이 실질적으로 희**

망하는 시간 안에 도달하기 위해 반복 훈련해야 한다.[37]

질과 강도

훈련의 질은 주어진 시간에 절대적으로 훈련량과 자신의 에너지를 어떻게 소비하느냐에 달렸다.

예컨대 우리가 익숙하지 않은 새로운 캐릭터를 이용한다고 생각해 보자. 이때에는 할당된 시간을 채우기는 힘들 뿐만 아니라 캐릭터를 다루는 것에 익숙하기 위해 더 많은 시간을 맞추어야 한다.

성공을 좌우하는 것은 적응해서 살아남는 데 있다(coping). 이는 진화론의 중요한 핵심 개념이다. 아이들이 성장해가면서 부모나 다른 동료들과의 관계 속에서 자신의 삶을 증진시켜 나아갈 수 있는 능력을 키워야 한다. 아이들이 어떻게 걸어가고 이야기하는지를 보면 잘 안다.[38]

그래서 다른 사람들로부터 배우는 것을 부끄러워하지 말아야 한다. 왜냐하면 우리가 그들이 된다는 것이 아니기 때문이다. 뛰어난 e스포츠 선수의 전략과 작전을 더 잘 알게 되면 될수록 자신

---

37 **역자 주** e스포츠 선수들은 대상을 파악하고 공격을 결정하고 행동으로 옮기는 데까지 기술 능력이 전제로 되어야 하고, 경기의 운영 능력이나 작전 수행의 효율성을 제고해야 한다. 문제는 그 반응속도가 자신의 몸에 익숙해져 쉽게 나올 수 있는 정도가 될 때까지 연습이 필요하다.

38 **역자 주** 무언가를 다룰 수 있는, 즉 생존할 수 있는 능력은 개개인마다 다를 수밖에 없다. 축구선수는 공을 다루는 능력에 따라 최고의 선수인지 아닌지 구분된다. 무언가를 다루는 능력은 기본기를 어떻게 배우느냐, 누구한테서 어떻게 배우느냐가 대단히 중요하다. 그리고 배우기 위해서는 배우는 사람의 태도도 중요하다.

의 일부분이 되어 자연스럽게 된다. 이렇게 배움으로써 우리 자신의 언어로 이야기하는 것과 같이 되어야 한다. 이야기를 하기 위해서는 이야기의 내용이 있어야 하지만, 그 언급된 이야기를 자신의 내적 세계로 만들어내어야 한다.

다른 사람들로부터 배우고 나서 완벽함은 우리 자신이 원하는 것을 어떻게 잘하는지에 따라 결정된다. 즉 연습의 질은 자신의 동기에 의해 추진된다. 우리는 연습을 강하게 또는 약하게 조정 가능하다. 그럼에도 불구하고 뛰어난 운동선수들은 훈련기간이나 실제 경기에서 완벽함을 추구하기 위해 자신의 노력이 어떻게 동기와 추진력으로 연결되는지를 쉽게 인지한다.[39]

인내력

인내력은 동기와 밀접한 관계를 맺는 중요한 요소이다. 많은 사람들은 첫 번째 커다란 장애물을 만나면 포기하는 경향을 보인다. 여기에 지속 가능하게 하는 중요한 핵심은 인내력을 가져야 한다.

---

39 **역자 주** 그냥 연습하는 것은 아무런 의미가 없다. 우리가 러닝머신에서 달리기 연습할 때 많은 사람은 화면을 보거나 음악을 듣기도 한다. 선수가 달리기를 하는 이유는 달리기를 통해 자신의 근력과 지구력을 키워 실전에 적용하기를 원하기 때문이다. 러닝머신에서 달리는 다리와 자신의 마음이 따로 작동한다면 중요한 순간에 자신의 생각에 따라 몸이 따라오지 않는 상황이 발생한다. 이는 연습 때 자신의 다리를 생각하지 않았기 때문이다. 달릴 때 자신의 생각을 음악에 두지 말고 다리에 집중해야 한다. 우리가 아령으로 근육을 만들 때 아무런 생각 없이 팔을 운동하지 않는다. 근육의 움직임을 보면서 한다. 연습할 때는 자신의 모든 생각을 세포 하나하나에 집중해서 해야 한다.

보이지 않는 e스포츠

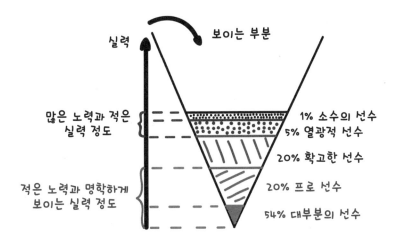

플레이어가 e스포츠에 빠질수록 그들은 좋은 점수를 획득할 수 있을 것이다. 처음의 성공은 쉽게 오고 그 성과는 눈에 잘 보인다. 하지만 더 많이 경험할수록 투자한 노력과 에너지에 비해 우리들이 느끼는 증가된 개선은 크게 보이지 않는다. 단순한 움직임과 단계, 전술을 종합하고 새롭게 수정하기 위해서는 더 많은 노력과 집중이 필요하기 때문이다. 이와 같은 이유로 사실 특정 e스포츠에 참여하는 사람 중 소수만이 최고의 e스포츠 선수가 된다.

프로선수들의 단계로 진입하기 위해서는 세부적인 움직임을 바꾸기 위해서 많은 시간이 들어간다. 하지만 많은 플레이어들은 이러한 단계에 들어가기 이전에 포기한다.[40]

---

40 **역자 주** 초기에는 자신의 노력에 대한 결과를 바로 확인 가능하다. 하지만 경쟁력 있는 e스포츠 선수들의 능력은 자신의 노력을 투자한 만큼 상대적으로 실력이 향상되는 것을 보기 힘들다. 이는 역자가 수행하는 검도도 마찬가지다. 어느 정도의 수준에 올라오면 한 단계의 수준으로 상승시키기가 얼마나 어려운지를 잘 안다. 개인적으로 검도를 30년 넘게 하고 있지만 실력의 증대를 위해서는

우리는 어떻게 기술을 개선시킬 것인가?

유아기의 아이들에게 잘 보이는 두드려진 현상은 2주, 6주, 12주, 24주에 따라 다르게 먹는다. 결과적으로 이 시기에 아이들의 체중은 급격하게 증대한다. 부모에게 이러한 현상은 "성장 분출"로 인식된다.

성장의 단계는 단순히 일직선으로 나타나지 않는다. 그것은 단계별로 나타난다.

많은 사람들은 기술의 증대는 점진적으로 나타난다고 하지만 실제는 단계를 뛰어넘는 것으로 나타난다 ❼. 지속적인 연습으로 새로운 기술은 때때로 아무런 장소 없이 갑작스럽게 나타난다. 새로운 기술의 활용은 자신의 뇌의 영역에서 분리된 각 부분들이 동시에 작동할 때 나타난다.[41]

더 많은 땀과 노력이 필요하다. 뛰어난 선수가 되기 위해서는 타고나야 한다든지, 노력한 만큼 왜 자신의 실력이 늘지 않는 것에 원망하기도 한다.

41 **역자 주** 지속적 노력과 실력은 비례하지 않는다. 지속적인 노력이 투자된 후 기술 증대는 어느 순간 갑자기 자신에게 나타난다. 기술이 얼마나 증대되었는지를 생각하기보다는 묵묵히 자신의 기술을 연마하다 보면 어느 순간에 자신의 변화된 기술향상을 확인할 수 있다. 개인적인 관점이지만 검도에서 승리를 결정짓는 기술은 상대를 의식하지 않는 상황에서 나온 기술이다. 상대를 공격하겠다는 의도와 생각을 바탕으로 기술의 성공도 있지만, 진정한 기술은 기술의 성공 이후 내가 그러한 기술을 사용하였다는 것을 확인하는 것이다.

보이지 않는 e스포츠

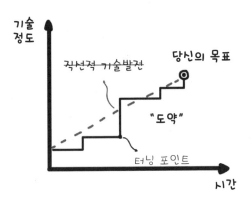

기술
정도

직선적 기술발전

당신의 목표

"도약"

터닝 포인트

시간

　뇌가 새로운 지식을 어떻게 받아들이는지 공공연설의 준비 과정의 예를 설명해 보자. 우리는 먼저 연설문을 쓰고 준비한다. 그리고 지속적으로 연습한다. 우리는 그것을 잘 기억하고 있다고 생각하지만 그날 저녁에 그 내용을 잊을 수 있다.

　그러나 다음날 아침에 모든 것은 기억이 되살아나 연설을 잘 마친다. 물론 연설의 내용을 기억해야 하는 것이 우선되어야 하지만, 발표 연습을 위한 최적의 장소에서 발음, 톤, 움직임, 상대에 대한 눈맞춤이 이루어져야 한다.

　기술의 개선에서 중요한 요소는 지속적인 반복된 연습이다. 이것은 어느 정도 부정적으로 들린다. 그러나 이것은 앞서 도달한 레벨을 넘어서는 유일한 방법이다. 지속적 연습은 뇌로 하여금 자신의 행동 패턴을 새롭게 조정한다. 그런 다음 다른 각도에서 보고 다룰 수 있는 힘을 갖게 된다. 연설의 준비로 설명한다면, 우리가 연습한 발표 스타일은 어떠한 실제적인 단어의 집중 없이도 우리의 기억 속에서 자연스럽게 나온다는 사실이다.

　그리고 실제적인 기술의 개선을 위해서 우리는 언제 휴식할 것

인지도 알아야 한다. 신체적 훈련 이후 우리의 뇌가 얼마나 많은
상황을 다루기 위해 얼마나 힘든지를 느껴야 한다. 이를 위해서는
적절한 레크리에이션(recreation)으로 자신의 몸과 마음을 새롭게
하는 데 도움이 되어야 한다.[42]

여가의 내용은 다음과 같다.[43]
1. 독서
2. 자전거 타기와 같이 가벼운 운동
3. 춤추기와 같은 자유로운 움직임
4. 명상 또는 기도
5. 무도 배우기
6. 사랑하기와 요가하기

이러한 레크리에이션의 선택은 정신적 소진을 회피하고 내적
인 밸런스를 유지하는 데 도움이 된다.

> **기대치 높이기**

---

42 **역자 주** recreation에서 어디를 강조하느냐에 따라 주장하는 의미는 다르다.
    recreation에서 앞에 re를 강조하면 오락이나 여가를 의미하지만, creation에
    강조점을 두면 재창조(re-creation)의 의미를 갖는다. 즉 여가나 즐거움을 갖는
    다는 것은 창조를 위한 움직임이다. 이와 같이 즐거움이나 여가는 시간 낭비가
    아닌 새로운 행동의 출발점으로 파악해야 한다.
43 **역자 주** 저자는 여가의 내용을 동양적인 수행 방법인 무도, 요가, 명상을 언급
    하는 이유가 동양적인 마음의 상태가 e스포츠의 경기력에 커다란 영향을 미치
    고 있음을 보여주고 있다.

보이지 않는 e스포츠

압박감

전에 누군가가 무하마드 알리에게 물었다. 얼마나 윗몸 일으키기를 하는가? 그의 대답은 윗몸 일으키기를 하지 않습니다. 나는 윗몸 일으키기 할 때 나 자신이 고통을 느끼게 되어 더이상 하지 못하겠다고 생각하는 그때 카운트를 합니다. 내가 카운트를 할 때는 바로 그때입니다.

프로e스포츠 선수에게 과도한 훈련량은 사실상 경기를 즐기는 것에서 힘든 일로 전환하게 된다. 여기에 고통이 따르는 것은 보통이다. 따라서 연습이 쉬우면 선수들은 열심히 하지 않았다고 생각해야 한다.[44]

간헐적으로 우리는 의식적으로도 시간의 길이와 높은 단위의 레벨을 달성하고자 계획해야 한다. 달성하기 어렵다는 새로운 레벨을 자신의 출발점으로 삼아야 한다. 이러한 새로운 기준은 쉽게 도달 가능할 때까지 노력해야 한다. 그리고 난 다음 더 높은 목표를 설정해야 한다.[45]

아마추어와 프로e스포츠 선수의 차이점은 자신의 훈련에 대한 과부하와 관련하여 차이가 난다. 아마추어 선수는 게임의 결과에 스

---

44 **역자 주** 자신의 한계치가 왔다고 생각할 때부터 훈련이 자신의 기량을 높이는 데 도움이 된다. 인간의 한계라고 느끼는 것은 뇌가 주는 속임수이기 때문에 속지 말아야 한다. 달리기 선수 출신 물리학자인 허친슨(Hutchinson)의 주장에 따르면, 우리의 한계는 뇌가 만들어낸 허상에 불과하다(서유라 역, 2018). 자신의 한계가 왔다고 느낄 때 그 한계는 진정한 한계가 아니다. 한계치에서 한 번 더 움직이는 때가 자신의 실력이 느는 시간이다.

45 **역자 주** 하지만 자신이 생각한 더 높은 단계를 설정하기란 쉽지 않다는 것이 문제다. 그럼에도 불구하고 자신에게 한계가 어디에 있는지 질문을 던지면 그 속에서 자신은 일정 정도의 충분한 답을 찾을 수 있다.

트레스를 받지 않는다. 물론 그들은 자신의 자유로움과 창의적인 사고로 무장하여 어려운 상황을 극복하고, 전문 선수들을 능가하는 경우를 보여주는 경우도 있다. 하지만 경험을 고려했을 때 프로e스포츠 선수들은 결국 경쟁의 압력을 다루는 데 더 뛰어나다.

한계를 무너뜨리다 - 한계극복

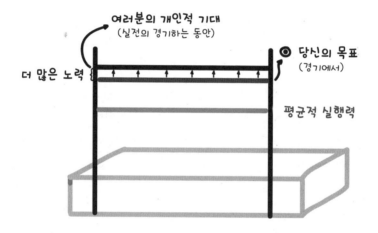

경기가 일어나는 동안 한계를 극복하기 위해서 우리는 훈련 기간 동안 자신이 극복할 수 있음을 스스로 증명해야 한다. 프로e스포츠 선수로서의 한계 극복은 자신의 노력이 기꺼이 다른 뛰어난 동료를 넘어서고자 하는 데 있다. 선수들의 훈련에서 완벽한 기술 발휘를 위해서 경기장과 유사한 안전한 환경이 제공되어야 한다. 이는 실제 경기가 진행되는 상황에서 더 나은 승률의 기회를 제공한다.

이러한 노력의 과정에서 코치 역할은 가장 중요하다. 우리 모두는 자신의 능력에 대해 선입감을 가지고 있기 때문에, 우리 스스로가 자신의 내적 장애물을 만들어낸다. 그래서 우리는 다른 결과물을 보여줄 때까지 스스로 만든 내적 장애물을 극복하기 어렵다고 생각하고 한다.

이때의 코치의 임무는 적절한 조건을 만들어내어 극복할 수 있는 경험의 기회를 제공하는 데 있다. 즉 훈련하는 동안 외형적으로 불가능한 것을 다룰 수 있는 경험을 제공하여 훈련시켜야 한다.

이러한 훈련은 선수들로 하여금 새로운 스트레스 상황을 만들어낼 수도 있다. 하지만 인간의 몸과 마음의 본성은 가장 어려운 조건과 환경에서 적용하여 해결하고자 한다. 그럼에도 몸보다 마음이 먼저 포기를 요구한다. 여기에 항상 자신의 외적 자아가 크게 떠들며 포기를 강요하게 된다.[46]

한계 극복은 지속적으로 진행되지는 않는다. 그러나 점차적으로 스트레스의 단계가 개입함으로써 우리는 더 높은 단계에 익숙해질 기회를 갖게 된다. 이를 통해 점차적으로 높은 단계로의 진입이 가능하게 한다.

최고의 e스포츠 선수들의 목표는 단지 최고가 되는 것이 아니라 불가능한 위대함에 도달하는 것에 있다.[47]

---

46 **역자 주** 우리가 포기를 원할 때 진정 자기 자신이 원하는 것인지 아니면 자신의 이익에 따른 포기를 요구하는지 자신에게 질문해야 한다.

47 **역자 주** 각자에게 주어진 e스포츠 선수로서의 삶과 목적은 다를 수밖에 없다. 누군가는 최고의 뛰어난 선수가 되길 바라면서 부에 초점을 맞추는 선수도 존재한다. 그러나 승리와 관계없이 자신에게 주어진 경기 내용의 조건을 극복하고 경기에 참여한 동료와 함께 최선을 다하겠다는 생각을 가진 선수들도 존재한다. 지향하는 목표는 경기에서 승리이지만 경기를 대하는 태도는 다를 수 있다.

진짜 챔피언은 단단한 기본 기술을 만들어가는 것이 얼마나 중요한지 잘 인식하고 있다.

예컨대 많은 프로야구 선수들은 완전하지 않은 던지는 기술로써 프로선수가 될 수 있지만, 그것은 차후에 실점의 요인이 된다. 훈련 시 기본의 무시는 차후에 심각한 실수가 된다. 이러한 이유로 최고의 선수들은 기본기를 대충하는 것이 아니라 철저한 것으로 받아들인다. 코치는 이 점을 강조해야 한다. 우리는 챔피언이라는 것이 경기 전날의 연습에서 오는 반복과의 연관성에서 나온 것으로 볼 수 있다.

기본기를 완벽하게 잘 할 수 있다는 자부심은 적극적인 자세의 또 다른 표현이다. 기본기는 경기에서 승부를 결정짓는 0.1초의 시간을 줄여준다.[48]

e스포츠를 포함한 전통 스포츠는 세부적인 것에 승리의 비밀스러운 요소를 갖는다. 우리가 사소한 부분에 심층적인 관심을 가지면 가질수록 e스포츠의 경기와 관련된 선진 지식을 더 많이 가질 수 있다. 예컨대 공격적인 전략을 가지고 좀더 나은 플레이를 원한다면 라운드가 진행하는 동안 역할을 바꾸어 자기 자신의 입장에 방어 연습을 경험하는 것보다 더 좋은 방법은 없다. 보통 플레

---

48 **역자 주** 검도에서도 가장 중요한 것은 난이도 높은 기술의 훈련보다는 기본기에 중점을 둔다. 검도를 처음 배우는 사람이나 30년 넘게 수행한 사람도 검도의 기본기에서 시작한다. 완벽한 기본기는 모든 응용기술의 출발점이기 때문이다. 따라서 기본기는 기술의 시작이며 완성이다.

이어들은 어떻게 공격이 방어와 연결되어 진행되는지를 알지 못한다.

진실로 경쟁력을 유지하기

중국 대나무의 독특한 사실은 씨앗이 땅속에 있을 때 5년 동안 땅 위에 그 모습을 보이지 않는다. 하지만 5년 이후 몇 달 만에 대나무는 60피드나 20미터가 자란다. 밖에 있는 관찰자는 짧은 시간에 믿을 수 없는 변화를 본다. 우리는 5년 동안 대나무의 노력을 볼 수 없고, 그 시간 동안 노력은 외형적으로 어디에서 나오는지는 모른다. 하지만 시간이 지난 후 빠른 성공으로 나타난다.

노엘 버치(Noel Burch)에 따르면 새로운 기술의 마스터는 4단계를 주장한다(Burch, 1970).

1. **무의식적으로 취미로 해보다.** e스포츠는 그들의 기술 단계를 모르고, 경기의 정보에 대해 잘 모른다. 그리고 이것이 얼마나 중요하고 의미가 있는지를 잘 모른다.
2. **의식적으로 취미로 해보다.** 이는 e스포츠의 기술적 준비의 가치와 그것을 얻을 수 있는 길이 무엇이며, 더 나아가 경기와 관련한 지식을 획득하기 시도한다.
3. **의식적인 전문기술.** e스포츠는 그들의 기술을 구현할 수 있으며, 중요한 관심은 매번 같은 결과를 얻을 수 있다.
4. **무의식적 전문기술.** 이것은 학습의 마지막 단계이다. 지속적 반복훈련으로 정신적 긴장이 필요하지 않은 기술 적용의 단계이다. 이 단계에서는 비록 다른 일에 관심이 집중되어 일

정 정도 자신의 관심이 분열된다고 할지라도 참여자는 완전한 경쟁력을 보여준다.

다른 스포츠의 형태와 마찬가지로 e스포츠의 성공은 네 번째에 도착해야 한다.[49]

당신이 실제로 하는 것과 같이 훈련하라.

하늘에서 이루어진 것과 같이 땅에서도 이루어져야 한다.[50]

이 격언은 음악은 장단이 조화롭게 이루어져야 한다는 것을 말한다. 장음계 속에는 단음계가 단음계에는 장음계가 포함되어야 한다.

많은 e스포츠 선수들은 연습이 매우 중요하지 않다고 판단하기도 한다. 왜냐하면 그것은 단지 연습이라고 생각하기 때문이다. 하지만 사람들이 긴장의 정도를 제외하면, 결승전과 일반 경기 사

---

49 **역자 주** 가장 완벽한 기술은 의식하지 않는 상황에서 자연스럽게 나오는 것이야 한다. 자연스러움은 의식하지 않기 때문에 자신의 몸에 힘이 들어가지 않는 반응으로 연결된다. 의식한다는 것은 몸의 움직임에 명령을 내려야 하고 여기에는 일정한 시간의 개입된다. 반면에 무의식적 기술의 발현은 상대적으로 의식적 움직임보다 더 빨리 반응하는 것이 당연하다. e스포츠는 즉각적인 반응은 필수적이다. 긴장에 따른 한 번의 실수는 패배로 이어지기 때문이다. 완벽한 기술의 발휘는 동양적인 관점의 무위(無爲)의 방법이다. 서구적 의미로 노력하지 않는 행위(effortless action)이다. 즉 자연스러운 움직임의 다름아니다.

50 **역자 주** 이 글은 고대의 헤르메스 트리스메기스토스(Hermes Trismegistus)의 에메럴드 태블릿(the emerald tablet)의 내용이다. 페니키아 문자로 새겨져 있었으며, 그가 죽을 때 이 비석을 손에 쥐고 죽었다고 한다.

보이지 않는 e스포츠

이에 거의 차이가 없다고 생각한다.

결승전에서 승리하는 최고의 e스포츠 선수들에게 **훈련은 실전처럼 하는 것이 실전에서 경쟁과 밀접한 관계로 나타난다**는 것을 잘 안다.

수영 선수들은 자신이 달성해야 할 시간을 가진다. 그래서 경기마다 최소한 도달해야 할 시간을 잘 안다.[51]

최고의 e스포츠 선수들은 연습하는 동안 심리적, 기술적 준비 등 모든 측면을 발전시키려고 노력한다.

> 연습의 형태가 색다르면 색다를수록 연습을 통한 기량 발전에 더 도움이 된다.[52]

보디빌더는 자신의 부족한 부분에 강조하여 연습한다. 왜냐하면 그 부분이 자신이 발달시켜야 할 최고의 지침서이기 때문이다.

코치는 선수들이 익숙한 형태의 연습을 하는 동안 동기가 부여된 팀 구성을 위해 많은 것을 발견해야 한다. 만약 선수가 불평하지 않고 최선을 다하고 있다면, 그들은 올바른 연습을 하고 있다고 보아야 한다. 이러한 훈련은 실제 경기에서 특히 경기를 결정짓는 중요한 순간에 선수들은 그들의 탁월성을 발휘한다.

---

51 **역자 주** 수영은 예선전에서 준결승전, 결승전까지 달성해야 할 시간이 정해져 있고, 훈련에서 자신의 몸에 적용되어 있어야 한다.

52 **역자 주** 우리가 같은 것을 계속 반복하는 것보다 전혀 다른 연습도 필요하다. 각자가 하는 역할을 바꾸어 연습하는 것도 상대의 움직임을 이해하는 데 도움이 된다. 예컨대 선수들은 각자의 포지션과 경기 운영에서 잘하는 부분이 있지만 다른 포지션으로 연습하는 것도 자신의 기량 발전에 도움이 된다.

이와 같은 행동은 허약한 적을 만날 때에도 적용이 된다. 만약 최선을 다하겠다는 동기 없이 경기를 진행한다면 강한 적을 만날 때 같은 결과를 얻기 힘들다.[53]

경험을 가진 팀 VS 초보 팀

비록 특정한 기간에 경험의 결과와 관련된 통계치가 다르게 나타난다고 할지라도 경험이 많은 팀은 경험이 적은 팀보다 더 유리하다. 그 이유는 무엇인가? 정답은 지식의 축적에 달렸기 때문이다.

두 팀을 예를 들어보자. 한 팀은 오랜 경쟁력을 가진 팀이고, 또 다른 팀은 경험이 부족하지만 많은 재능을 가진 팀이다. 그 두 팀이 결승전에서 만났다.

경기가 진행되는 과정에 그들 중 어느 한 팀이 점수 차가 벌어짐에 따라 어느 한 팀은 일시적인 좌절을 마주한다. 이러한 상황이 일어나면 신생팀의 코치는 냉정하게 그들 자신의 기술을 믿고 행동하라고 미리 말해 놓아야 한다.

하지만 이러한 충고가 좀처럼 성공적인 결과물을 도출하지는 못한다. 왜냐하면 플레이어들은 하나의 돌파구로서 적용할 수 있는 방법을 적절한 기억으로 이끌어 내지 못하기 때문이다. 그리고

---

53 **역자 주** 최선을 다하겠다는 동기는 경기 진행에 중요한 요소이다. 약한 팀을 만날 때에도 마찬가지다. 약한 상대는 강한 팀을 만날 때 부담 없이 경기에 임하기 때문에 강팀의 입장에서는 최선을 다하겠다는 정신 무장이 필요하다. e스포츠는 짧은 순간에 승부가 나기 때문에 상대가 강하든 약하든 최선을 다해야 한다.

잘 모르는 원인이 자신의 신념을 잃어버리게 된다.[54]

경험과 초보 팀의 차이

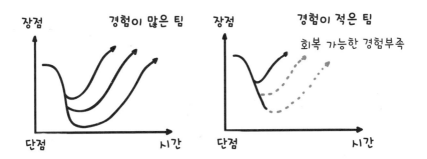

경험이 많은 팀은 공허한 용기에 의존하지 않고, 과거의 유사한 상황을 기억해 냄으로써 어떻게 그 상황을 바꿀 수 있는지 알고, 불리한 위치를 벗어난다. 긍정적인 기억들은 강력한 동기요인이 된다.

경험을 가진다는 또 다른 장점은 사건 발생에 대해 특별한 불안을 느끼지 않는다는 사실이다. 상대의 두려움과 위협은 창조적인 사고에 방해가 되고 비논리적인 행위를 만들어낸다. 이러한 상황은 정확한 반대의 상황을 요구한다. 즉 용기와 희망이 경험 있는 팀을 만들게 되는 것이 경기에서 승리로 이어지게 된다.

---

54 **역자 주** 결국 뛰어난 선수는 경기에서 자신의 위치가 어디에 있는지를 정확하게 파악하고 이해해야 한다. 자신의 팀을 믿고 자신의 역할에 최선을 다할 때 승리는 자연스럽게 다가온다.

긍정 강화(positive reinforcement)

긍정 강화는 팀 소통에서 매우 중요한 요소이다. 그것은 외적 자아에 영양분을 주는 칭찬의 형태이며, 팀에게 무언가를 해냈다는 것을 가져다 준다. 무언가를 해냈다는 것은 플레이어로 하여금 성취와 격려의 합으로 나타나며, 이것은 다음 도전을 위한 준비가 된다.

e스포츠에서 칭찬은 드물다. 코치나 팀 동료들도 칭찬의 자극적인 효과를 이용하지 못한다. 칭찬은 격려를 위한 최고의 도구이다.[55]

긍정적인 강화 또는 칭찬을 표시하고자 할 때에는 결코 부정적인 언급이나 기대를 덧붙여 칭찬의 내용을 희석하지 말아야 한다. 예를 들면 우리가 특정 움직임이 매우 좋다고 팀 동료에게 이야기할 때 우리가 기대하는 것이 정확한 경험의 결과로 얻어야 한다. 만약 우리가 동료들에게 움직임이 좋았고, 그렇기 때문에 다음 단계에 어떠한 실수를 하지 말아야 한다고 덧붙여 말하면, 칭찬은 부정적인 결과를 초래할 가능성이 높다 ❽.

가장 비슷한 내용은 비스킷 밀크 제조와 유사하다. 분말을 많이 추가하면 혼합된 결과물은 다소 부드러워진다. 반면에 물에 식초를 조금 넣으면 그 음료의 내용물이 무엇이든지 간에 밀크의 맛은 사라진다.

---

55 **역자 주** '칭찬은 고래도 춤추게 한다'의 저자인 켄 블랜차드(Ken Blanchard)에 따르면 칭찬의 효과를 갖기 위해서는 긍정적인 것을 강조하고, 잘한 일 자체에 초점을 맞추어야 한다. 그 중에서 과정을 칭찬하는 것이 중요하다(조천제 역, 2002).

　　　　　　　　　　　　　　　　보이지 않는 e스포츠

우리의 손이 가는 대로 하라

앞에서 우리는 경쟁의 시작 전에 경기 전략을 수립하였다면 경기 진행에서는 우리의 본능에 따라야 한다. 많은 사람들이 믿어야 하는 사실은 e스포츠 선수들은 매우 단순한 움직임을 생각해 내어야 한다. 하지만 현실의 경기에서는 그렇게 적용되기란 쉽지 않겠지만, 최고의 움직임은 우리의 근육 기억이 스스로 작동할 수 있게 해야 한다.

생각해 보자. 모든 것은 훈련된 것에서 나온다. 우리가 경기장에서 자신의 움직임을 위한 몸과 마음의 연결은 습관으로 드러나기 마련이다. 경기하는 동안 정확한 작전을 이해하고 있다면, 경기에서 일어나는 것 이외에도 다른 많은 것들에 초점을 맞추어 이해하고 있어야 한다.

하위의식[56]과 근육기억은 우리의 움직임이 어떻게 진행하는지를 정확하게 알고 있다. 우리는 직접적으로 우리의 손을 통제할 수 없다. 본능적인 행위는 의식적인 생각이 개입되지 않는다. 본능적인 대응은 경기가 진행되는 과정에서 우리가 모든 것을 생각하기보다 더 빠르게 효율적으로 진행된다.

---

56 **역자 주** 여기에서 하위의식은 무의식에 가깝다. 하지만 무의식이라고 생각이 없이 작동되는 것이 아니다. 무의식이라고 하더라도 자신의 몸 틀(body schema)과 몸 이미지(body image)에 따라 영향을 받는다. 몸 이미지는 경험, 태도, 믿음의 체계가 의식과 행동을 형성하는 데 영향을 준다. 반면에 몸 틀은 자신의 감각운동의 역량, 능력, 습관 등이 움직임에 영향을 준다(박인성 역, 2013: 259). 무의식의 행위도 자신의 몸에 배인(embodied) 경험의 상태와 e스포츠에 대한 자신의 생각과 태도가 영향을 받는다. 따라서 프로e스포츠 선수는 경기력과 일상생활의 습관과 태도를 분리해서 생각해서는 안 된다.

오랜 훈련이 충분히 되었다면 경기에서는 자신의 움직임을 믿고 자신의 손이 가는 대로 따라가야 한다.[57]

57　**역자 주** 무의식 움직임은 자신의 생각이 개입되지 않는 자연스러운 움직임을 가능하게 한다. 생각은 행동을 빠르게 하기보다는 브레이크와 같은 역할을 담당한다. 움직임 자체도 자신의 생존을 위해 최선의 방향을 스스로 찾으려는 노력하고 있음을 알아야 한다. 즉각적인 반사는 전략이 필요한 경기에서는 방해 요소로 작동한다. 뇌의 관점에서 본다면 자극이 눈에 들어와 후두엽의 연상 작용으로 무엇인지 확인하고, 명령은 전두엽에서 진행하게 된다. 이 과정은 시간이 걸린다. 이성적 판단이 개입되지 않은 무의식의 직접 지각의 속도는 이성적 판단의 개입보다 반응속도가 더 빨리 작동한다.

보이지 않는 e스포츠

3

작전과 전략

③ 작전과 전략

e스포츠에서 전략은 중요한 역할을 한다. 정확하게 선택한 전략은 적을 무찌르는 가장 쉬운 방법이다. 이러한 이유로 많은 e스포츠는 경기를 시작하기 이전에 작전 결정(마우스와 자판기의 움직임)과 관련된 많은 연습을 한다. 이러한 작전의 요소는 경기가 진행되는 동안 유리한 경기 운영에 도움이 된다.

실제 경기가 진행되는 과정에서 유용한 변수 선택에 따른 새로운 대응전략은 팀 시간 활용에 낭비가 된다. 그래서 미리 잘 계획된 전략을 준비해야 한다.

이론적인 또는 실천적인 팀

팀 전략을 진행하는 동안 우리는 두 가지 반대되는 상황을 확인해야 한다. 하나는 팀 경기가 일어나는 상황에서 효과적으로 대응하기 위해 하나의 전략을 완벽하게 숙지한다(팀 1). 또 다른 하나는 팀 자신이 다룰 수 있는 많은 전략들을 경기에서 구현할 수 있도록 준비해야 한다(팀 2). 하지만 이 두 조건을 만족시킬 수 있는 팀은 적다.

전자는 실제 경기에서 자신들의 능력을 잘 발휘할 수 있다. 후자는 실제 경기에서 사용된 전략을 측정하기 어렵다는 사실이다. 전자는 능률적인 전술 덕분에 커다란 경쟁력을 가지며, 적을 격퇴하는 데 도움이 된다. 반면에 더 나은 전략을 보여주는 유사한 팀을 만난다면 그들이 계획한 전략은 무력화된다.

두 번째 전략을 선택한 팀은 거의 경기에서 승리하기란 힘들다. 충분한 실행 가능한 전략은 풍부한 실전의 경험 없이는 성공하기란 어렵다. 따라서 실전 경험의 부족으로 그들은 경기를 포기한다. 최적의 해결책은 앞의 두 가지 조건의 중간 어디에 존재한다 (이상적인 팀).

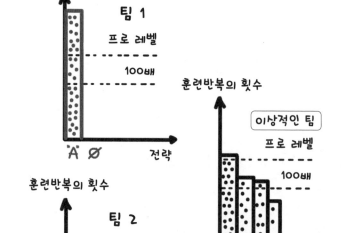

보이지 않는 e스포츠

프로팀들은 효과적으로 실전에서 몇 개의 전략을 잘 다룬다. 왜냐하면 그들은 필요한 시간을 주어진 계획에 따라 하나하나에 연습 시간을 투자한다. 여기에서 중요한 것은 연습의 반복이다.

　한 번의 움직임과 복잡한 전략 사이의 차이점은 후자가 자신의 머리에 각인시키는 것이 더 어렵고 더 많은 반복훈련이 필요하다는 사실이다.

　만약 당신이 공연하는 극장에서 상연하는 순서대로 따른다면, 그 순서를 약간의 시간 동안 배워 쉽게 따라할 수 있을 것이다. 하지만 e스포츠는 복잡한 단계의 생산품을 만드는 과정과 유사하다. 배우들은 공연 순서에서 자신이 해야 하는 역할과 행동을 정확하게 파악해야 하며, 완벽하게 행동하기 위해 반복 훈련을 한다. 우리의 언어가 움직임, 모방, 자세와 연결되어 있다면, 그리고 각각의 장이 시간별로 잘 나누어진 블록 같다면 자신의 연상과 기억의 작동은 중요하다. 우리가 언어를 잘 습득한다면 다음 단계의 실천을 잘 진행될 것이다. 그리고 각 배우의 역할에 맞는 역할을 가능하게 한다.

전략 수립

　항상 계획 C가 있어야 한다.

　앞에서 언급하였듯이 유용한 전략들은 실질적인 경기에서 적절하게 대응해야 한다. 우리가 계획한 전략이 실제 경기에서 발휘하여 자신의 가치를 증명해야 한다. 모든 전략을 테스트한 후 예컨대 전략 A를 선택하고 반복하여 최종적으로 만들어 나아가야 한다.

전략

A/B/C/D/E

70% 20% 5% 4% 1%

처리 빈도

기본적으로 전략 A는 다른 것보다 선호되고, 팀이 효과적인 점수 획득을 위한 방법으로 선택한다. 전략 A는 잘 알려지지 않거나 새로운 상대에 대항할 때는 최고의 전략이 된다. 시간의 약 70% 정도는 전략 A를 충분히 소화해야 한다. 그래서 플레이어들은 그 전략의 강점과 약점을 잘 파악해야 한다.

기존의 전략이 선택되었을 때도 우리는 플랜 B라는 대응 전략을 수립해야 한다. 이것은 우리의 태도와 유사하게 행동하는 경쟁자에 맞추어 대처하는 방법이다. 우리의 팀은 플랜 B 전략을 완벽하게 준비해야 하고, 그것을 상세하게 알고 경기에서 실현하기 위해 많은 훈련의 시간이 필요하다.

모든 전략을 기억하는 데 투자된 시간이 중요한 요소로 작동한다. 생각을 해 보자. 우리의 전략이 가장 상세하게 완벽하게 실행되기를 원한다면 모든 팀원들이 조화롭게 완벽하게 작동되어야한다. 그렇기 위해서는 얼마나 많은 시간이 걸리는지 추가적인 전략을 위한 반복 과정을 배우고 할 수 있는 시간이 있는지를 고려해야 한다.

보이지 않는 e스포츠

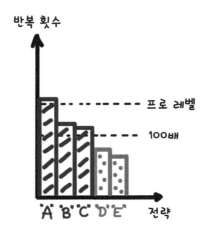

언제 플랜 C가 필요한가?

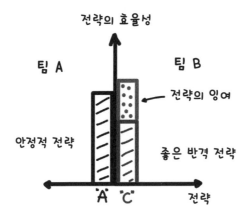

앞에서 언급하였듯이 플랜 C는 특정 환경에서 일어난 사건에 대처하기 위해 필요하다. 그러나 그것도 주요 전략에 따라 적절하

게 진행될 수 있도록 만들어 놓아야 한다.

팀 배틀 경기가 진행되는 상황에서는 많은 문제가 나타난다. 그 상황에 맞는 전략은 명확하게 준비되어 있어야 한다.

경기에서 발생할 수 있는 또 다른 환경은 가공할 만한 뛰어난 상대를 만날 때 극복할 수 있는 전략을 가지고 있어야 한다. 선택된 새로운 전략은 적의 계획을 무력화할 수 있는 이상적인 해결책을 가지고 있어야 한다.

이는 경기가 진행됨에 따라 새로운 전략의 가치가 기대하지 않은 능력을 발휘하게 된다. 그 전략은 잘 숨겨놓아야 하며, 적이 예측하기 어렵게 만들어야 하고, 경기에서 자연스럽게 발휘되기 위해서 충분히 연습되어 있어야 한다.

적절한 전략을 선택하는 동안에 우리는 직감에 의존해야 한다. e스포츠에는 경기나 라운드가 진행되기 이전 매우 짧은 여유시간이 주어진다. MOBA경우에는 10분이며, FPS의 경우에는 15초 주어진다. 이 시간에 우리는 모든 전략을 완벽하게 검토하기는 어렵다. 그래서 직관에 의존해야 한다.

하지만 직관을 이용한다는 것은 우리가 아무렇게나 선택하는 것은 아니다. 직관은 맹목적으로 선택하는 것이 아니라 적의 선택지를 고려해서 자신들이 믿을 수 있는 선택지를 채택해야 한다. 그리고 우리가 대응하고자 하는 선택지를 선택하였다면 우리 자신의 본능이 주는 현명함을 신뢰해야 하고 따라야 한다.

좋은 전략이란 다음과 같다. 선수들은 경기 라운드가 진행되는 동안 선수들의 전략이 경기 진행에서 독특한 경험을 가져다주는 것과 그것에 맞는 입장을 갖는 것이 다르다는 사실이다. 즉 전략적 대안을 가지는 것과 전략적 수정을 혼동해서는 안 된다. 전자와 관련해서 선수들의 경기에서 사용하는 특징은 유지해야 한다.

반면에 후자는 기본적인 전제를 수정하고자 한다. 전략상의 차별성을 더욱더 명확하게 할수록 각자가 갖는 전략적 대안인지 아니면 전략적 수정인지를 명확하게 드러낼 수 있어야 한다.

축구 책에서 각자의 플레이어들은 평균 5-6000의 플레이 방법을 배운다. 11명의 플레이어가 축구경기장에 들어서면 각자는 자신의 위치에 따라 주어진 역할을 잘 안다. 축구에서 전략적 적용은 빠르게 적용되어야 한다. 그리고 대부분 복잡한 공격이나 방어의 시나리오가 살아있어야 한다.

전략분석

마지막 경기에서 사용될 가장 중요한 전략에 대해 간략하게 생각해 보자. 아래의 다양한 각도에서 전략 분석의 검토는 가능하다.

1. **에너지 필요 요건:** 경기가 진행되는 과정에서 주어진 전략이 어떻게 신체적 요구에 힘들게 하는지를 파악해야 한다.

2. **기술적 복잡성**: 전략이 실행되는 동안 상대 실수에 대한 기회가 얼마나 발생하는지를 파악해야 한다.
3. **팀플레이의 필요조건**: 전략이 플레이들 간 어느 정도 시너지를 보여주는지, 그 속에서 개인의 능력이 어떠한지를 파악해야 한다(그 속에는 우리가 팀플레이에 집중할 것인지, 아니면 개인적 전략에 맞추어 진행할 것인지 고려해야 한다).

이러한 메트릭스(metrics)를 통한 전략의 재검토는 팀이나 코치에게 주어진 시나리오를 만들고 선택하는 데 도움이 된다.

예를 들어 우리가 지쳐 있지만 팀 분위기가 좋을 때 우리 팀에게는 강력한 팀워크의 형성에 필요한 전략을 선택해야 한다. 만약 우리가 새로운 전략이 필요할 때 팀의 일치된 내용 부족으로 나

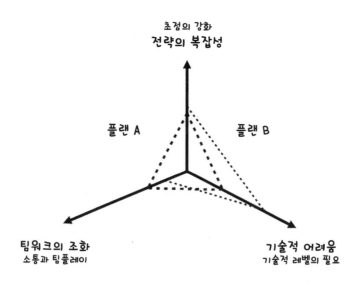

보이지 않는 e스포츠

타난다면, 개개인에 더 많은 초점을 맞추어야 한다. 좋은 게임을 보여주기 위해서는 팀 정신력을 증대시켜야 한다. 다른 어떠한 것을 고려할 필요가 없다.

전략을 적용할 때 우리는 팀 구성원들의 컨디션에 관심을 두어야 한다. **다섯 번의 연속적 경기는 집중을 느슨하게 만든다. 그때에는 단순한 전략을 사용할 가장 적절한 시간이다.** 플레이어의 한 사람이 특정한 뛰어난 역할을 보여주어야 한다. 만약 그 시기가 적절하다면 우리는 그 기회를 놓치지 말아야 한다. 플레이어들은 매번 자신의 역할에 대해 정확하게 알 수 있으며 그들은 더 잘하려고 노력한다. 자신과 같이 뛰어난 플레이어들과 경기하는 상황이 편하게 느낀다면 훨씬 더 경기 진행을 잘하게 된다. 그것은 전략을 세우고 실행할 수 있는 전술적 장점이다.

정신적 전략

대부분의 전략과 전술의 요소에서 우리는 모든 주어진 도구와 선택지를 이용해야 한다. 정신적 전략의 목표는 책상에 카드가 놓여 있을 때와 마찬가지로 상대에 대한 우리의 심리적 우월성을 이용하는 것이다.

얼음 밑의 용(dragon), 즉 예측할 수 없는 행동

e스포츠에 전형적인 것으로 경기에서 이용 가능한 옵션은 매우 폭넓다.

우리의 상대가 적어도 기대하지 않는 것을 했다고 생각해 보자.

상대가 경기의 패턴에 적절하지 않는 캐릭터나 배치를 했다면 그것은 우리에게 혼란스러운 선택을 강요한다.

만약 우리의 움직임이 상대에게 그들의 행동을 멈추고 생각하기를 강요한다면, 그들은 우리의 규칙에 맞게 움직일 수 있다. 알려지지 않는 영토로의 침입은 상대에게 의심을 만들어내고, 적 움직임의 속도를 늦추게 된다.

마스크를 한 귀신, 즉 하나를 보여주면서 다른 것을 해야 한다.

우리는 실제적인 의도를 결코 보이지 말아야 한다. 대신에 적을 우리의 함정으로 인도해야 한다.[58]

만약 우리가 공격적인 경기를 한다면 표면적으로는 냉정하고 방어적인 움직임을 유지해야 한다. 만약 우리가 공격을 준비한다면 우리의 의도를 숨겨야 하고, 적을 안심시켜 무력화해야 한다. 졸린 눈의 표시 뒤에 숨기는 것이 최고의 방법이다.

안달복달하게 하는 살아있는 미끼, 즉 우리의 허약성을 보여주자.

만약 우리가 상대에게 명백한 틈을 보여준다면 이는 적들로 하여금 먹이를 잡아먹을 수 있는 기회를 제공한다. 그러나 우리는 상대의 움직임에 앞서 생각을 해야 한다. 상대에게 명백한 틈을 내어주어 적이 뛰어들 수 있는 트랙 공간을 만들어야 한다.[59]

---

58 **역자 주** 나의 마음이 상대에게 끌려가서 행동하기보다는 나의 주도적인 생각 속에서 상대를 끌어 드리고 자신의 경기를 풀어 나아가야 한다.
59 **역자 주** 상대가 공격을 할 수 있는 공간이나 여지를 만들어 보여주어야 한다.

행동 다음의 행동

　일반적인 경기에서 프로e스포츠 팀은 다양한 공격 패턴과 관련된 심사숙고한 행동, 잘 짜인 캐릭터, 선수들 간의 유기적인 움직임의 조화를 잘 보여준다.

　조화로운 선수들 간의 소통은 팀 구성원들의 긍정적인 정신 상태를 반영한다. 하지만 갑작스러운 좌절의 경우가 발생하면 그들 간의 소통은 조용해진다.

　아이들은 항상 활동적으로 유지한다. 그들은 좀처럼 새로운 것에 직면했을 때 실패로 인해 방해받지 않는다.

분	팀 1		팀 2
1	행동		행동 수동적 경기
10	행동		⋮
20	행동		반응
30	행동		⋮
40	행동		경기 패배
50	행동		

　경기가 진행되는 동안 마음의 상태는 경기 분위기가 상승되거나 반대의 경우에 따라 다르게 나타난다. 지금의 경기력의 상태를 유지하기 위한 유일한 방법은 행동하는 것 자체에 초점을 맞추어

그러나 상대가 공격하는 틈은 내가 충분히 방어하고 다른 공격으로 이어질 수 있는 전략이 준비되어 있어야 한다.

야 한다.[60] 이것은 선수들의 소통에도 유지되어야 한다. 비록 경기 상황이 최악의 상태로 전개되더라도 소통은 유지되어야 한다. 경기는 우리가 그것을 포기할 때 끝나기 때문이다.

프로선수들의 경기에서 보여준 많은 행위들은 우리 팀 승리와 패배에 직접적인 연관성을 갖는다. 모든 주도적인 활동적인 움직임은 팀의 예측을 불가능하게 만들며 상대 팀의 심리적 불안정을 만들어낸다. 심지어 시도한 행위가 궁극적으로 성공하지 않더라도 그것은 팀으로 하여금 유리한 장면을 만들어낸다.

상대의 경기를 통한 준비

너 자신을 아는 것이 상대를 아는 것이다.(손자병법)[61]

상대의 경기스타일에 관심을 두는 것과 그것을 자신에 맞게 조정하는 방법은 우리 자신의 완벽한 전략형성 만큼 중요하다.

경기 전 상대의 팀의 전술과 전략을 연구하는 것은 중요하다. e 스포츠에서는 계속되는 경기와 기록의 과정을 통해 검토가 가능

---

60 **역자 주** 위의 그림은 경기시간이 지나감에 따라 경험 많은 팀(팀 1)과 그렇지 않는 팀(팀 2)의 경기 시 행동을 설명한다. 팀 1은 경기 상황이나 결과에 흔들리지 않고 자신의 행동에 맞추어 경기를 진행한다. 반면에 팀 2는 상대의 움직임에 반응하고, 상대에게 끌려가서 패배로 이어진다.

61 **역자 주** '손자병법'의 원문에는 "지피지기 백전불태(知彼知己 百戰不殆)", 즉 "적을 알고 나를 알면 백 번을 싸워도 위태롭지 않다"는 뜻이다. '노자(老子)' 33장에는 다른 사람을 아는 것은 지혜이지만 자신을 이해하는 것은 밝음이다 (知人者智, 自知者明). 서구에서도 올림픽이 열리는 그리스 델파이 신전 입구에 쓰인 "너 자신을 알라(Know yourself)"의 경구와 다르지 않다.

하다.[62]

각 개인의 플레이어 관찰은 그들의 사고 과정을 파악해야 하며, 그 속에서 그들의 약점을 파악해야 한다. 이것은 경기 진행에 중요한 요소이다.

한편으로 우리는 상대의 힘을 존중해야 한다. 그러나 그 힘에 의해 좌우되지 않아야 한다. 직접적으로 경기에 참여하기 이전에 우리 자신의 위험 요소를 먼저 파악해야 한다. 때때로 우리가 전쟁에서 적의 강한 지점을 알고 있을 때 우리는 힘으로 공격할 필요는 없다. 골리앗에 비견되는 적의 힘에 공격하는 것은 불필요하다. 그러나 목표에 잘 겨눈 무장된 힘은 골리앗을 격퇴할 수 있다.

교착상태 또는 나쁜 방향

모든 경기는 우리가 계획대로 진행되지는 않는다. 전략을 잘 수립하였다고 하더라도 문제는 항상 나타난다. 그렇다면 문제가 발생하면 우리는 언제 그것을 변형해야 하는가? 만약 우리가 계획한 대로 진행되지 않는다면 거기에는 두 가지 사건이 발생한다.

첫째, 교착상태에 직면한다.

둘째, 전략이 우리가 예측하지 않은 다른 방향으로 인도하게 된다.

---

62 **역자 주** 예컨대 모발리틱스(Mobalytics)는 라이엇 게임즈(Riot Games)가 개발한 게임 전용 데이터베이스로 매 경기 후 데이터를 수집하고 축적한다. 선수와 팀은 이를 분석하고 단계별로 세분화하여 롤 경기의 전략 분석에 활용된다. 이 데이터베이스는 경기 시작에 대한 다양한 초보 안내서, 상위 팀 구성, 최고 승률을 기록한 문자 등을 포함한다(https://towardsdatascience.com/the-data-science-boom-in-esports-8cf9a59fd573). 다른 이야기이지만, e스포츠는 생생한 데이터의 요소를 갖기 때문에 빅데이터 연구교육의 활용으로도 가능하다.

교착상태

교착상태는 자전거에서 넘어지는 상황과 유사하다. 만약 이러한 경우가 어린 아이들에게 발생한다면 현명한 부모는 모든 것은 괜찮다고 확신시켜 주려고 노력한다. 거기에 용기를 북돋아주며 다시금 자전거를 타라고 권유한다.

심리적 교착상태란 몸이 갖고 있는 모든 에너지를 사용하여 몸의 움직임이 자신이 바라는 방향으로 움직이지 못한 상황에 접어드는 것이다. 이러한 단계에서 우리는 피로, 경련, 정신적 초점의 상실 등을 경험한다.

오랜 경험이 있는 선수들은 지금 주어진 목적에 집중함으로써 어려운 상황을 극복하기 위해 노력한다. 만약 그것이 실패한다면 그들의 신체적 피로의 정도는 몸을 뻗어 눕고 싶은 심정이 된다. 이러한 상황을 벽에 부딪히는 것으로 설명한다.

e스포츠 경기 상황에서 교착상황에 직면했을 때 우리는 경기 자체에 집중해야 한다. 최고의 자세는 팀플에이에 더 집중하거나 다음 전략을 사용해야 한다.

방향이 틀렸을 때

경기가 시작되기 전에 팀이나 주장이 상대에 대해 틀린 공격이나 전략을 선택하는 경우도 발생한다. 하지만 이러한 경우에 우리는 그것을 교착상태로 혼동해서는 안 된다. 방향은 의식적으로 180도로 바뀔 수 있다. 이러한 상황에서 전략의 지속성을 강요할 필요는 없다. 그리고 팀은 그 상황을 벗어나려고 해야 한다. 대신

보이지 않는 e스포츠

에 잘못된 방향으로 나아가서는 안 된다.

짧은 휴식시간이나 심지어 경기를 진행하는 동안에도 변화를 만들어 낼 수 있는 기회가 존재한다.

경기가 진행되는 동안 플레이어는 경기에 깊이 집중하고, 바깥 소음이 차단되기 때문에 자신의 생각을 바꾸기란 쉽지 않다. 그럼에도 불구하고 스포츠는 휴식 시간과 타임아웃의 순간이 있고, 그 속에서 자신들이 선택한 작전을 수정한다.

종종 타임아웃은 선수 교체나 작전 교체의 표시이다. 이러한 시간에 우리는 훈련 때 배웠던 내용을 새롭게 그 경기에 적용해야 한다. 타임아웃을 신청하는 것은 경기에서 본질적 도구이며 결과물을 변화시킨다.

게임이 진행되는 동안 선수들은 급격한 과정 변화를 초래할 수 있을 것이다. 하지만 확실한 손실의 방향으로 진행됨에도 불구하고 선수들에게 과정 변화를 많이 강요해서는 안 된다. 인간의 본성은 자신의 방향이 틀렸다고 인정하는 것이 얼마나 힘든지를 안다.

변화는 불편하다. 그리고 우리는 그것을 회피하고자 한다. 변화의 필요성을 인식하는 것이 우리 자신의 용기를 보여준다. 그렇게 하는 것에 대해 우리는 부끄러워해서는 안 된다.

4

~~~~~~~~~~~~~~~~~~~~~~~~~~~~~~~~~~~

가치와 팀

가치와 팀

2012년 오하이오 주립대학의 경기장에서 여성선수들은 제시 오엔 운동장에 모였다. 메간 보겔(Meghan Vogel)은 막 2등으로 경기를 마치려고 하는 순간이었다. 3,200미터에서 약 20미터를 남겨놓은 상황에 1등으로 달리던 아덴 맥매스(Arden McMath)가 보겔 앞에서 쓰러졌다. 보겔은 그녀를 피하는 대신에 맥매스를 부축해 일으켜서 보겔을 앞서 결승전을 통과하게 하였다.

보겔은 어떤 선수도 트랙에서 그러한 상황이 일어나면 그와 같은 일을 할 것이라고 후에 말하였다(Vogel, 2012).

진정한 가치는 표면 아래에 존재한다.

가치는 우리의 이상적인 열망이며 우리의 인성과도 연결된다. 가치의 중요성은 바깥 환경과 관계없이 우리의 핵심적 믿음에 근거한다. 가치는 우리가 불확실성을 직면했을 때 중요한 방향 설정으로 작동한다.

e스포츠는 단지 승리만을 추구하는 것은 아니다. 왜냐하면 최고의 e스포츠 선수들은 비록 승리를 쟁취하기 위해서는 많은 노

력이 필요하겠지만, 승리의 기쁨은 빠르게 사라진다는 사실을 직시해야 한다.

가치에 의해 인도된다는 것은 아래의 조건들을 생각한다는 것이다.

- 감정이입, 타자들을 도울 수 있어야 한다(어떤 환경에서도 타자를 도울 수 있어야 한다).
- 완벽을 위해 노력한다.
- 정확하게 한다(모든 지적 사항이 나타날 때마다).
- 시도와 희생이 원인이 되어야 한다(100% 무언가를 하고자 할 때).
- 자기 확신(불필요한 상황에 소심해서는 안 된다).
- 정직성(실수를 할 때 그 책임을 받아들이고 바로잡으려는 노력이 필요하다).
- 열린 마음(더 잘하기 위해서는 항상 부족하다).
- 문제 해결자, 해결 지향(문제에 초점을 맞추기보다는 해결 추구에 초점을 맞추자).
- 참을성, 인내성의 유지(호흡을 가다듬고 자극에 대응하는 시간을 갖는다).
- 효율성(주어진 문제 해결을 위한 잘 짜인 구조와 해결책을 구비해야 한다).
- 안정성(시간의 흐름을 측정해야 하고 흔들리지 말아야 한다).
- 겸손(외적 자아를 죽이고 다른 사람의 견해를 자신의 견해와 같이 취급해야 한다).
- 타자의 이기심을 위한 싸움(무언가를 계산적인 이익을 기대하고 움직이지 않는다).

- 창의성(창조적인 해결책을 모색해야 한다).
- 지속성(이상적인 한 방향으로 진행해야 한다).
- 용기(다른 사람이 흔들릴 때 앞으로 나아갈 수 있는 의지).
- 스포츠맨십(비록 경쟁자라고 하더라도 적에게 악수를 할 수 있고, 우리 모두는 같은 선수임을 기억하는 태도이다).

팀을 만들 때 지향하는 가치는 각자 구성원들의 긍정적인 특성의 합이다. 팀뿐만 아니라 다른 동료에게서도 가치는 명확하게 드러나야 한다. 그리고 그들이 가진 가치를 공유하기 위해 노력해야 한다.

새로운 e스포츠 팀 핵심 가치를 공유할 수 있는 흥분된 경험이 필요하다. 1년 이후 팀 핵심의 가치 공유에 따른 결과를 비교해 보라. 그 결과는 명확하게 개인적으로나 단체적으로 1년의 경과만큼 변화를 보여줄 수 있을 것이다.

가치의 의미(the signification of values)

팀의 가치는 어느 정도 팀의 이름과 하나가 되어야 한다. 그리고 그 구성원들은 그 팀의 일원이 되거나 팀과 동일시되는 것을 느껴야 한다.

가치는 기사의 갑옷과 같이 될 때 그 팀은 강철과 같이 단단해짐으로써 더 큰 가치를 갖게 된다. 팀의 가치를 갖추어 우리의 팀이 강력하고 패배가 없다는 것을 느껴야 한다. 갑옷과 같은 팀 표시의 로고는 전쟁에 나가기 전에 입는 갑옷과 같다.

어릴 때 우리는 자신이 좋아하는 전쟁 스토리에 숭고한 목표를 가진 경험 때문에 기사와 동일시한다. 그들은 자신의 왕국에서 정의를 믿고 당당함으로 악의 무리를 물리치게 된다. 각 개인들의 가치를 표시하고 팀원들의 자부심을 갖기 위해서는 그들 자신의 엠블럼을 부착해야 한다. 이를 통해 그들 간의 동질성을 느낄 수 있을 것이다.

모든 e스포츠는 운동선수로서 그 자신을 드러낼 수 있어야 한다. 그들이 창조한 이야기는 경쟁의 장에서 언급되고 역사에 기록된다. 스토리텔러(storyteller)와 e스포츠 선수들은 그들 자신의 완벽한 이야기를 쓰기 위해 노력한다는 점에서 같다.

스토리보다 더욱더 중요한 사실은 아마도 **프로e스포츠 선수들의 가치가 그들 자신의 자부심을 형성하는 데 주춧돌이 된다는 사실이다.** 누군가에게 e스포츠는 그들 부모의 자부심을 위해 노력하는 것일 수도 있다. 또 다른 선수는 e스포츠를 공동체에서 소속감과 자신의 자아를 실현하고자 한다. 이러한 가치가 그들의 팀에 공유된다면 그것은 팀의 가치로 연결된다.

팀 정신과 문화

팀 정신은 팀원과 그의 공동적인 목표에 근거해야 한다. 비록 그 구성원들이 하나의 안건에 개인적으로 모두 동의하지 않더라도 공동의 목적은 있어야 한다. 공동의 목표는 팀이 잘 작동하는 기어와 톱니바퀴의 작동에 윤활유 역할을 한다.

팀의 구성원들이 그들의 공동된 일치에서 나온 가치의 힘을 인지하지 못하고 그리고 그들의 개개인의 재능을 인정하지 못한다면 그들은 결코 자신들이 가진 잠재력을 발휘할 수 없다.

모든 팀은 약점을 갖고 있다. 공동의 목적을 통해 그들의 약점을 보완할 수 있는 플레이 스타일이 무엇인지를 발견하는 데 노력해야 한다.

많은 사람들은 팀 정신의 이념을 찾기 위해 노력한다. 그것은 경기 전에 팀이 준비가 되었을 때 명확하게 드러난다. 팀 간의 시너지가 존재한다는 사실은 어떻게 알 수 있는가? 팀 정신은 일반적인 선수들의 습관, 농담과 분위기, 다른 선수들의 성향에 대한 인내심 등을 주목할 수 있다.

팀 정신은 더 나은 경기력과 소통을 위해 예외적인 힘을 가져다준다. 이것은 다른 팀을 능가하는 힘을 형성하는 데 도움이 된다.

우리는 함께 노를 저어 간다.

리더나 팀 구성원들에게 가장 중요한 것은 팀에 있는 그들 간의 역할을 잘 조정해 나아가는 것이다.

팀이 잘 운영되고 있다는 사실은 배의 운영 과정에 일직선으로 앉아 있는 선수들에게 각자에게 주어진 기능을 잘하는 것이다.

배의 키잡이(코치나 주장)는 배를 조정해 나가야 하고, 리드해야 한다(e스포츠의 팀 구성원들과 다르지 않다). 배의 키잡이는 그 팀이 세운 전략에 따라 그 팀을 운영해야 한다. 배를 젓는 플레이어(e플레이 선수)는 그 배가 잘나가 마지막 결승라인까지 자신이 가진 모든 힘을 사용해야 한다. 물론 팀 안에는 각자 구성원들의 개성을 존중하는 적절한 역할이 있어야 한다.

우리의 배를 진행하는 데 발생하는 문제는 무엇인가?

1. 배의 키잡이는 배를 정확하게 조정하는 것에 있지 않다. ―팀이 성공적으로 경기를 진행해 나아가는 데 올바른 방향을 설정하는 데 있다.
2. 한 사람의 뱃사공이 그들의 힘만으로 배를 끌 수 없다. ―이것은 팀의 나머지에게 명확하게 해야 한다. 그렇지 않으면 그들은 경쟁하고 훈련할 때 느슨한 태도를 보인다.
3. 뱃사공은 잘못된 기술을 사용한다. ―이것은 모든 팀을 망치게 된다.
4. 뱃사공들이 동시에 힘을 발휘하지 못한다. ―여기에서 팀의 전략을 드러내기 위해서 각 단계마다 힘을 어떻게 사용할 수 있는지 파악해야 한다. 만약 그들 간의 소통이 부족하다면 배의 속도를 높일 수 없을 것이다.

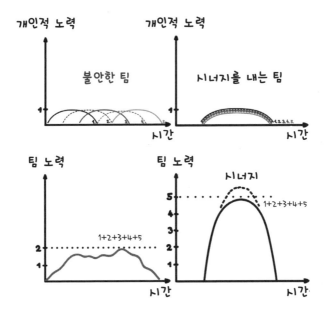

단체 조정경기에서 한 사람의 구성원이 단체의 노력을 완전히 무효로 만들 수 있다. e스포츠에서 이것은 팀 소통이 아닌 불통으로 번역 가능하다. 잘못된 커뮤니케이션이 때때로 필요불가결하지만, 그때에 즉각적으로 바로잡지 못한다면 그 팀은 결코 그들 자신이 갖고 있는 잠재력을 발휘할 수 없을 것이다.

팀 수명은 팀의 시너지에 따라 달라진다. 시너지는 개인의 합보다 전체의 합이 더 큰 것을 말한다. 통일된 힘의 발휘와 실행 능력이 추가 된다면 관객들이 불가능하다고 판단하는 상황에서도 팀은 창조적인 해결책을 만들어낼 수 있다.

겸손

인간은 다음 3가지 상황에서 겸손을 보여준다. 첫째, 사람들은 대화하거나 정보를 교환하는 과정에서 상대에게 집중한다. 둘째, 자신의 주장을 억제하는 경우에서 나타난다. 셋째, 거울을 보듯이 자신의 실수로부터 배우고 정직하려고 노력한다.[63]

겸손은 하나의 속성이 아니라 자기 발전의 중요한 중심축이다.

도전은 자신을 낮출 때 크게 보인다. 겸손은 인간의 특성이 아니라 하나의 조건이다. 많은 사람들은 겸손을 굴욕적이며 비굴한 것과 혼동한다.

겸손은 우리의 지난간 자아를 볼 기회를 제공한다. 우리가 레스토랑에서 일하면서 자신의 머릿속에서 나의 친구들이 어떻게 많은 돈을 버는지에만 관심을 가지고, 그것과 비교해서 자신의 위치가 얼마나 끔찍하다는 것만 생각한다면, 좋은 음식과 서비스로 손님에게 줄 수 있는 즐거운 경험을 자신으로부터 빼앗아 간다.

e스포츠 선수들에게 겸손은 마음가짐을 발전시킨다. 기량 발달을 기대하는 e스포츠 선수들은 **코치의 가르침을 듣고 따름으로써** 코치가 집중하려는 의미를 파악하려고 노력해야 한다. 그리고 상

---

63 **역자 주** 겸손은 낮은 마음가짐을 말한다. 이는 동양에서 말하는 예(禮)와 다르지 않다. 겸손의 태도는 자신의 욕망을 억누르고 상대를 존중하는 태도에서 나온다. '논어(論語)'에서도 극기복례(克己復禮), 즉 자신의 욕망과 감정을 극복하는 것이 예(禮)라고 하였다. 자신을 낮추고 상대를 존중함으로써 우리는 많은 것을 배울 수 있다.

보이지 않는 e스포츠

대인 적으로부터 끊임없이 무언가를 배우려고 노력한다. 그들은 가장 작은 움직임조차도 효율적으로 이용하고자 관심을 두어야 한다. 주어진 해답에서도 선수들은 가치 있는 지식을 얻기 위해 의미 있는 질문을 던져야 한다 ❾.

다른 사람을 관찰한다는 것은 비굴하게 상대를 따라한다는 것이 아니다. 그 반대이다. 보고 듣는 모든 것은 자신이 증명해야 하고 어떻게 작동하는지 다시금 판단하는 기회로 삼아야 한다.

다른 사람들은 우리가 갖는 문제해결의 핵심을 가져다주지 않는다. 심지어 코치도 모든 것을 줄 수는 없다. 겸손이 전제되지 않는 데에서 우리는 무언가를 배울 수는 없다.

우리 자신의 생각을 명확하게 하기 위해서라도 겸손을 실천적으로 자신에게 적용해야 한다. 겸손이 자신에게 증명되지 못한다면 그것이 유용한지 유용하지 않는지는 확신할 수 없기 때문이다. 선생이 확신할 수 있는 것은 **모든 것에 동의하거나 하지 않는 학생도 겸손이 없으면 아무것도 배우지 못한다는 사실이다.**

우리 자신과 다른 사람에게 겸손함

겸손하다는 것은 우리 자신이 만족이나 칭찬을 받기 위해 겸손한 척하는 것과 다르며, 이는 스포츠 선수의 성장에 매우 중요하다. 겸손한 척한 사람들은 그들이 바라는 목표에 도착하지 못함을 보여준다. 중요한 이정표에 도착하거나 긍정적인 피드백을 받은 이유에 올바른 관점을 갖는 것이 좋다. 그렇지 않으면 부분적인 승리가 자신에게 그것이 마지막 승리라고 믿게 된다.

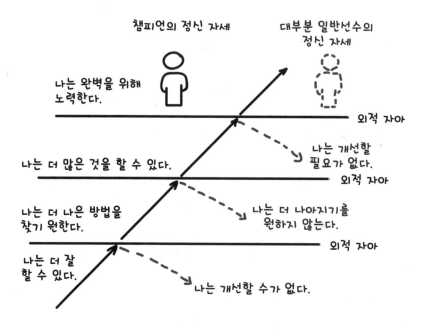

챔피언의 정신 자세

대부분 일반선수의 정신 자세

나는 완벽을 위해 노력한다.

외적 자아

나는 개선할 필요가 없다.

나는 더 많은 것을 할 수 있다.

외적 자아

나는 더 나은 방법을 찾기 원한다.

나는 더 나아지기를 원하지 않는다.

외적 자아

나는 더 잘 할 수 있다.

나는 개선할 수가 없다.

당신에게 있는 유일한 한계는 당신 앞에 놓여 있는 것들이다.

한편, 우리 자신에게 정직하다면 우리들에게 부분적인 승리나 업적은 단지 마지막 목표를 향해가는 표시에 지나지 않는다는 사실을 알게 될 것이다.[64]

진정한 챔피언은 주어진 업적을 장애물로 생각하지 않는다. 그

---

64 **역자 주** 상대가 없으면 경기의 승리와 패배는 존재하지 않는다. 상대는 같이 경기를 하고 자신의 기술을 최대한으로 발휘하고자 하는 동료이다. 상대는 경기에서는 적이지만 자신의 기술을 발휘할 수 있는 전제조건이다. 따라서 승리는 하나의 과정이지 도달해야 하는 목적지가 아니다. 겸손은 e스포츠에 대한 인식태도의 전환을 요구한다. 프로e스포츠 선수들에게 경기에서 승리는 대단히 중요하다. 그러나 승리만이 전부가 아니라는 태도를 갖는 것이 겸손이다.

보이지 않는 e스포츠

들은 장애물을 끊임없는 가능성과 발전가능성 그리고 한계 없는 발전의 대상으로 판단한다. 진정한 챔피언은 경기 자체를 즐기고, 모든 승리의 목표를 향해 가기 위해 들르는 장소에 불과하다. 자신의 경력에 승리라는 여행을 통해 동기를 부여받는다.

상대에 대한 존경

대부분의 팀은 상대팀을 전쟁에서 만난 적으로 인식한다. 하지만 진실은 우리의 적은 우리와 같은 사람이다. 그들은 우리와 같은 꿈과 두려움을 갖는다. 그들은 우리가 잘 알고 있는 친구보다 훨씬 더 비슷한 사람이라는 사실이다.

많은 e스포츠 선수들은 전쟁의 관점에서 상대를 무찔러야 하는 적으로 생각한다. 그러나 진정한 스포츠맨십을 갖고 있는 사람들은 경기가 끝나고 패배한 팀에게 좋은 경기를 했다고 칭찬하는 사람이다. e스포츠의 아름다움은 모든 사람들이 이따금 승리를 챙길 수 있다는 사실이다.

적으로부터 배움

우리가 초보일 때 우리는 프로경기를 보는 것을 즐기고, 나중에 그와 같은 선수가 되길 꿈꾼다. 비록 명확하지 않지만 경기를 보면서 다른 선수의 움직임과 전략과 관련된 정보를 축적한다.

하지만 이러한 관심은 한 사람의 선수가 최고의 위치에 도달하는 것을 늦추게 한다. 왜냐하면 종종 자신의 외적 자아가 e스포츠 선수들에게 그들 자신의 스타일을 완벽하게 해야 한다고 주장하기 때문이다. 이에 따라 자신의 스타일을 고집하는 경우가 발생한다.

다른 스포츠와 마찬가지로 e스포츠 경기는 기록되어 다시 볼 수도 있다. 다시 보기를 통해 선수들은 차후 경기의 스타일, 전략, 전술의 측면을 수정하는 데 도움이 된다. 많은 최고의 플레이들은 우리가 배워야 할 대상으로 삼아야 한다. e스포츠 경기에서 보여준 많은 선수들의 자세와 전략 등에서 나와 차이나는 점이 무엇인지 분석하고 배워야 한다.

중요한 점은 다른 사람의 행동을 그대로 따라하는 것이 아니라 새로운 관점에서 배워야 한다. 미래의 경기를 위해 다른 관점을 의식적으로 고려해야 한다.

적으로부터 배움은 자신을 발달시킬 수 있는 최고의 방법이다 ⑩.

모든 사람은 동등함

현실에서 보면 어느 누가 다른 사람들보다 좋고 나쁘다고 말할 수는 없다. 누군가는 이러한 태도를 이상적인 관점이라고 생각한다. 이러한 관점을 갖는 이유는 우리의 도덕적, 사회적, 경제적 위치가 실질적인 삶을 규정하는 것으로 생각하기 때문이다.

하지만 부자, 장애인, 젊거나 뚱뚱한 사람, 범죄인, 이들은 상대적이며, 개개인들에 부여한 이름표에 지나지 않는다. 진실은 아무것도 아닌 것에서 새로운 생명을 갖게 되고, 그들은 적어도 물질적인 것과 관련해서 이 세계에 아무것도 남기지 않고 떠난다. 태어나서 죽음의 사이에 우리는 많은 일을 하고 많은 경험을 한다.

그리고 우리에게 주어진 이름을 받아들이고 생활한다.[65]

사람들은 다른 사람과 비교하는 것을 좋아하기 때문에 우리가 평등하다는 것을 인식한다는 사실은 사람을 있는 그 자체로 대해야 한다. 심지어 그들에게 보이는 차이는 환상(illusion)에 지나지 않는다. 우리 자신의 외적 자아는 외부와 비교하고 거기에다 의미를 붙여 자신을 드러내려고 하는 것이 인간의 속성이다.

타인에 대한 불꽃 또는 비난

불꽃놀이는 세계에서 중요한 예술의 형태가 되었다. 하지만 불타오른다는 것은 우리가 타인을 비난할 때 표현으로 사용한다. 우리의 분노가 불타오를 때 우리 자신의 실패를 벗어나려고 하고 더 좋은 측면에서 나타나려고 한다. 우리의 실수를 인정하고 타인으로부터 비난을 기꺼이 감수해야 할 필요가 있다. 하지만 불행하게도 인간은 비난을 인정하거나 부정하지 못한 부끄러운 사회에서 살고 있다.

누군가에게 결점이 발견되면 그들은 동료에게 회피를 당하거나 팀에서 배제된다. 이때에도 우리 자신은 비난을 다른 사람이나 다른 이유로 돌리면서 자신을 보호하고자 한다.

---

65 **역자 주** 이 말은 사람을 볼 때 외형적인 지위나 부에 따라 구분해서 인식할 필요가 없다는 것이다. 우리는 무의식적으로 나와 당신을 구분하고 옳고 그름을 언급한다. 하지만 그러한 구분도 자신의 관점이나 사회의 관점이 일부 투영되어 있다. e스포츠에서 성공도 긴 인생의 과정에서 본다면 하나의 추억이라는 이름표에 지나지 않는다. 어릴 때 교복을 입고 학생생활을 하는 것도 지금에 와서 생각하면 하나의 즐거운 추억의 경험으로 남게 된다.

하지만 비난은 해결 수단은 아니다. 비난을 발견하는 것은 치료 방법을 발견하는 것과 다르다. 비난은 전기선에 작동하지 않는 토스트 기계와 같다. 비난은 토스트 기계가 전기에 연결되어 감정의 발산 수단으로 나타나는 것에 지나지 않는다.

팀워크에서 소통의 해결 방법도 갖은 방식으로 진행해야 한다. 소통에는 감정이 앞서서도 안 된다. 우리 자신이 갖고 있는 외적 자아가 다른 사람을 비난함으로써 얻게 되는 자신의 만족은 일시적인 것이다.[66]

래시와 충성심

에릭 나이트(Eric Knight)의 1940년 소설 '래시, 집에 오다'(Lassie ComeHome). 이 소설은 1943년 영화화되어 진실한 영웅인 개 래시(Lassie)의 충성심을 잘 보여준다. 이야기는 1920년 일본에 있었던 어느 교수의 개 이야기와 연결된다. 하치코(ハチ公)라고 알려진 개는 주인을 도교의 시부야역에서 약 9년 동안 기다린 것으로 알려진 내용이다. 개는 주인을 역에 마중가기 위해 매일 기다렸다. 그 개의 주인이 뇌출혈로 사망한 이후에 주인을 기다리다 사망하였다. 죽은 후에는 주인의 곁에 묻혔다.

동물의 각인된 충성심은 우리 인간에게도 존재한다. 충성심은 우리 본능 깊은 곳에 내재하고 있다. 타자와의 관계에서 감정 표출에 방해하는 것은 자기 자신의 외적 자아에 대한 강조에 기인

---

66 **역자 주** 비난은 우리의 일시적인 감정의 해소에는 도움이 될지 모르지만, 감정적 어려움에 대한 궁극적 해결책은 아니다.

보이지 않는 e스포츠

한다. 이러한 감정 표출의 상황은 오랜 시간 같이 치밀하게 지닌 가족관계에서도 나타난다. 가족 구성원들도 그들의 차이점을 드려내기 위해 노력한다. 물론 오랜 기간 동안 알고 지내는 사람에게서도 나타난다.

팀 구성원들은 가족 구성원과 같이 유사한 방식으로 관계를 맺는다. 처음 그들은 각자가 갖고 있는 뚜렷한 습성을 배우고자 하며 후에는 숨겨진 면을 찾으려고 한다. 하지만 많은 시간을 함께함으로써 그들은 더 가까워진다. 그리고 동료에 대한 충성심은 경기를 진행하는 데 강력한 힘이 된다.

5

～～～～～～～～～～～～～～～～

동기

⑤ 동기

우리가 e스포츠 경기에서 승리한 후 경기 참여와 관련해서 이야기할 때 자신들이 e스포츠에 가졌던 많은 동기를 언급한다. 동기(motivation)[67]란 우리가 경기를 진행할 때 힘과 인내심의 뒤에 놓인 것이 무엇인지를 알려준다.

동기를 갖고 있는 e스포츠 선수들의 능력은 일반선수들보다 경기 실행 능력이 훨씬 더 크다. 물론 강도 높은 경기 훈련과 경기 집중의 정도가 복잡한 경기 내용을 다루는데 필요 없다는 것을 말하는 것은 아니다.

---

67 **역자 주** 동기(motivation)는 "어떤 일이나 행동을 일으키게 하는 계기"(국립국어원 표준국어대사전)이다. 사람의 행동원인의 목적이나 심리적 원인을 말한다. 동기는 심리적 원인, 즉 감정(emotion)과 밀접한 관계를 갖는다. 이는 동기와 감정이 무언가를 '움직인다'(move)의 언어적 뿌리를 공유하기 때문이다. 동기는 그 자체로 보상적인 행동을 취하고자 하는 내적 동기와 보상으로 이어지는 행동을 취하기 위한 외적 동기가 있다. 이외에도 의식하는 동기, 무의식의 동기, 성취동기, 회피동기, 경험동기 등 다양한 동기가 있다.

얼마나 멀리 갈
수 있을까?

비동기화   동기화

1 바퀴   10 바퀴

종종 e스포츠 선수를 움직이게 하는 동기를 파악하기란 쉽지 않다. 그래서 동기의 본질과 어떻게 작동하는지 탐구할 필요가 있다.

동기는 어디서 왔는가?

실행의 동기는 어릴 때 형성된다. 아이들의 행동은 부모를 따라함으로써 형성된다. 성실함, 성급함, 인내력은 부모를 보면서 배운다. 이러한 이유로 부모는 아이들에게 긍정적인 태도를 가르칠 필요가 있다. 아이들에게 포기하지 말고 열심히 하라고 아무리 강요할지라도 부모가 그러한 행동을 하지 않는다면 아이들이 전혀 다른 행동을 한다는 것은 당연하다. 아이들은 부모가 어떻게 그들의 인내력과 참을성을 실천하는지 정확하게 판단한다.

내가 열 살 때 어머니가 학위 논문을 준비하는 것을 보았다. 어머니는 격리된 곳으로 이동해서 며칠 동안 작업해서 책과 같은 두꺼운 보고서를 작성하였고 시험을 통과하였다. 어린아이인 내

보이지 않는 e스포츠

가 몰래 다가가서 어머니의 작업 과정에서 본 어머니 얼굴에는 자신감과 일의 열정을 느낄 수 있었다. 그 모습은 나로 하여금 자신에게도 똑같은 행동을 요구하는 것같이 느꼈다.

어릴 때의 기억

우리 자신의 내면을 알기 원한다면 우리 자신의 과거를 발견해야 한다. 많은 사람들은 현재의 많은 문제들은 어린 시절에 해답을 찾음으로써 해결책을 발견할 수 있을 것이다.

나에게 스포츠는 경쟁적인 측면에서 항상 특별한 의미를 갖는다. 나는 축구를 좋아했다. 나는 나의 동료만큼 뛰어난 재능이나 실력을 갖추지 못했다. 그래서 최고의 선수들을 연구했고, 나의 움직임이 익숙할 때까지 그들의 움직임을 따라했다. 그래서 어느 정도 친구들의 수준까지 다가갈 수 있었다.

오늘날에도 이 원칙을 지킨다. 최고의 선수들의 움직임에서 배우고 내가 완벽하게 숙달될 때까지 따라한다. 그것은 배움에서 가장 좋은 방법이라 생각한다.

어린아이로서 나에게 일어난 일은 현재 우리의 요구와 욕망에 대한 해답의 단초를 제공해준다. 특히 그중에서 동기가 가장 흥미롭다. 동기는 우리 의식 깊은 곳에서 뿌리박혀 있기 때문에 동기가 등장하는 진정한 이유를 파악하기란 쉽지 않다.

회상

사람들은 어린 시절의 많은 경험을 기억한다. 중요한 점은 기억이 자신에게 드러낼 수 있어야 한다.

확실히 우리가 특정한 것에 대한 열정은 어디에서 오는지 알기 원한다면 다음과 같은 질문을 바로 자신에게 던져야 한다.

왜 내가 커피를 좋아하는가? 내가 어떻게 그러한 경쟁을 가지게 되었는가?

우리의 기억은 그 질문에 직접적으로 대답하지 못하고 표면적인 것에 머물러 있다. 그러나 우리는 근본적인 상황들의 문제를 풀어내려고 노력해야 한다. 우리가 이것을 정확하게 직시할 수 있다면 중요한 장면들을 다시금 나타낼 수 있어야 한다. 우리는 습관[68]이 어떻게 형성되는지, 원래 동기를 가지게 한 추동력이 무엇인지에 대해 질문을 던져야 한다.

이러한 질문의 기술은 우리 자신을 더 잘 알 수 있게 만들어 우리의 행동을 다시금 정의하게 한다. 이는 좀더 자신이 명확한 결정을 하는 데 도움이 된다.[69]

---

68 **역자 주** 윌리엄 제임스(William James)에 따르면 습관은 일정한 결과를 성취하는 데 요구되는 신체 활동을 단순화하고 더 정확하게 만들어 피로를 줄여준다(정양은 역, 2005: 203).

69 **역자 주** 중요한 것은 올바른 질문을 던지는 것이다. 경기력 향상을 생각하는 것도 중요하지만, 왜 e스포츠를 하고 있는지 끊임없이 자신에게 질문을 던져야 한다. 이는 자신을 뒤돌아볼 기회를 제공한다. 자신에게 질문을 던지며 나오는 답에 다시금 질문을 던져야 한다. 예컨대 최고의 선수가 되기 위해 e스포츠 선수가 되었다면, 왜 최고의 선수가 되기를 원하는지, 그리고 최고의 선수가 무엇인지 자신에게 던지는 끊임없는 질문 속에서 우리는 자신의 새로운 모습을 발견해야 한다.

동기의 내적 요소

동기의 내적 요소는 열정이다. 열정은 무언가 새로운 것을 배운다는 것이며, 다른 영역에 뛰어 들어갈 수 있는 능력을 말한다.

동기는 모닥불과 같은 것이다. 우리 부모에게 배웠던 행동패턴이 불쏘시개 역할을 한다. 10대에는 e스포츠에 대한 열정의 불꽃을 피운다. 두 가지 요소가 모닥불의 불꽃을 지속가능하게 한다.[70]

첫째, 출발점은 부모로 배운 인내력이다. 둘째, 불을 잘 붙게 하는 나무, 즉 성공의 감각이 추가된다. 많은 사람들이 e스포츠에 도전하지만 모두가 e스포츠 세계에서 최고 선수가 되지 못한다. 최

---

[70] **역자 주** 오버워치 리그의 최초의 여자 선수인 게구리(Geguri) 김세연은 5살 때 부모와 같이 게임을 하였다. 부모는 게임을 좋아하였고 그녀가 게임을 하도록 격려하였다(Fitzpatrick, 2019.05.16.). 그녀는 2019년 '타임'지 선정 차세대 10대 리더로 선정되었다. 2018년 BTS가 선정되었다. 그는 e스포츠 세계에서 성별의 차이를 극복하고 자신만의 영역을 개척하였다.

고가 되지 못한 사람은 성취의 즐거움을 경험하지 못한 사람들이다. 반면에 성공적인 e스포츠 선수들은 긍정적인 태도를 통해 그들의 날개를 잘 펼쳐 최고의 선수들이 된다.

최고의 선수들도 두 그룹으로 나누어진다. 첫 번째 그룹은 긍정적인 피드백과 칭찬과 그들이 받은 보상에서 의미를 찾는다. 그들은 경기에서 승리해서 얻은 것을 확인함으로써 새로운 동기를 얻는다. 두 번째 그룹은 승리를 자신의 자아실현과 완벽성을 추구하는 것으로 받아들인다. 이러한 사람들은 항상 숨겨진 자아 동기를 가지고 있으며, 자신을 더 멀리 나아갈 수 있게 만든다. 그들이 e스포츠에서 최후의 승리자가 된다.[71]

동기를 갖는 사람들의 특징

인간은 기본적으로 그들의 삶에서 기본적인 욕구(need)를 갖는다. 미국 심리학자 머레이(Henry Alexander Murray, 1893-1988)는 1938년 '성격심리의 탐구(Exploration of Personality)'라는 책에서 단계별로 인간의 욕구이론은 설명한다. 가장 보편적이고 일반적인 욕구이론은 e스포츠 선수들에게도 나타난다.[72]

---

71 **역자 주** e스포츠를 즐기는 사람은 한번쯤 e스포츠 선수를 꿈꾸게 된다. 하지만 프로e스포츠 선수가 되기는 쉽지 않다. e스포츠 선수로서의 추동력을 갖기 위해서는 e스포츠에 대한 변함없는 사랑이며, e스포츠 선수로서 타고난 재능과 노력이 있어야 한다. 외형적인 성공이나 부에 초점을 맞추기보다는 내면적인 인간가치의 실현 방향이 자신이 지향하는 e스포츠의 지속 가능성을 보장해준다.

72 **역자 주** 머레이는 욕구를 인간의 마음이나 뇌에 존재하는 추진동력으로 설명한다. 욕구는 현재 자신에게 주어진 불만족한 상황을 바꾸기 위한 조직하는 힘으로 설명한다. 자신이 갖고 있는 생각, 의지, 행동을 바람직한 방향으로 바꾸기 위해 머레이는 20가지 인간의 욕구를 설명한다. 머레이는 욕구는 뇌의 생리

- 생리적 욕구: 자기 보존에 목적을 두는 숨쉬기와 영양분 섭취이다.
- 타자 지향과 관심의 욕구: 사람은 사회적 존재이며, 다른 사람들의 관심을 얻고자 한다.
- 적응의 욕구: 공동체에서 자신의 위치를 나타내기 위해 자신만의 상징, 브랜드, 스타일을 입는다.
- 안전: 지지자를 찾고, 삶에 안식처를 찾는다.
- 파트너 찾기의 욕구: 상호 공유된 감정에 기반으로 한 관계 형성
- 독립: 자기 스스로 관점을 세운다.
- 과시의 욕구: 타자에게 영향력을 발휘하고자 한다.
- 성공의 욕구: 자기 확신은 일상적인 열정이 이익이 되는 것을 판단하고 얻고자 한다.
- 자기 자신에게 집중: 다른 사람에게 관심을 두기보다 자신이 중요하다고 생각한다.
- 구강 만족: 알코올, 담배, 음식
- 성적 강요: 사회적 관습에 반하는 행위를 추구하는 행위
- 게임 욕구: 상상적 상황을 선호하고 그 속에서 게임을 하는 것을 만족한다. 현실에서는 성취할 수 없는 것으로 남아 있다. 이는 e스포츠에서는 일반적인 현상이다.
- 호기심: 가장 일반적인 인간 본성으로 잘 알려지지 않는 것을 파악하려고 한다.

적 영역에서 나오는 힘에서 출발해서 환경과의 상호작용을 통해 다양한 인간의 요구사항으로 나타난다고 하였다. 욕구는 개인적 욕구와 환경적 압력 사이의 상호작용을 통해 행동으로 나타난다.

동기는 우리의 욕구와 밀접한 관계를 맺는다. 욕구가 동기를 갖게 만든다. 누군가 구강의 만족을 얻기 위해서는 좋은 식사를 대접해야겠다는 동기가 일어나는 것은 자연스러운 현상이다.

본질적으로 동기가 작동하는 요소는 만족스러운 욕구와 욕구의 결과물이 상징화함으로써 드러나는 것이다.[73]

e스포츠의 동기와 관련하여 우리는 다음의 중요한 요소들을 검토해야 한다.

1. (외적인) 관심과 집중
   나의 팀은 나를 구성원의 일부로 받아들여야 한다. 팬들은 나의 업적을 추종한다.
2. (외적인) 반응
   칭찬과 인정: 영향력 있는 사람들이 나의 가치를 알아준다.
3. (외적인) 금전과 보상: e스포츠의 상금과 배당금
4. (외적인) 두려움과 비난: 코치의 분노에 대한 두려움과 팀에서 배제될 수 있는 가능성의 두려움
5. (내적인) 성공과 즐거움: 경기를 즐기고 성공을 갖는다.
6. (내적인) 완벽성 추구: e스포츠에서 자기완성

---

73 **역자 주** 욕구와 동기의 관계를 가장 잘 설명하는 것은 매슬로(Maslow)의 욕구 단계이다(오혜경 역, 2009). 어떤 요구가 다른 욕구보다는 앞선다는 생물학적 주장을 근거로 그는 욕구의 위계로 생리적 욕구, 안전 욕구, 소속감과 사랑욕구, 존중욕구, 자기실현의 욕구로 설명하였다.

보이지 않는 e스포츠

위에 동기와 열거된 요소는 각자에게 주어진 상황에 따라 강한 영향력을 줄 수 있다. 누군가에는 단지 성공이라는 것이 동기로 작동되기도 한다. 다른 사람들은 팬이나 가족으로부터 인정을 받기 원한다. 아니면 단지 금전적인 보상만을 바란다.

동기가 작동하는 동안 중요한 사실은 자신의 욕망을 확인하고 진실로 중요한 것이 무엇인지를 확인하는 것에 있다.

동기가 어떠한 영향을 주는가?

동기는 기본적으로 두 가지 측면에 작동한다. **동기는 지속성 (persistence)과 질적인 요소(quality)에 영향력을 준다.**

동기의 지속성

동기의 지속성은 시간적 요소를 갖는다. e스포츠 선수들은 자신의 경기를 운영하기 위해 많은 시간을 연습에 투자하여 승리한 결과에 보상을 받는다. 하지만 보상의 결과는 의식 아래 위치한 두려움과 위험의 요소를 만들어낸다. 두려움과 보상은 **외적인 동기**로 고려되어야 한다.[74]

---

74 **역자 주** 노력에 따른 결과물은 동기의 지속성을 보장한다. 하지만 그 이면에는 또 다른 승리를 해야 한다는 부담감과 두려움으로 나타날 수밖에 없다. 보상은 내재적 동기를 빼앗을 가능성이 높게 작동한다. 경기를 즐기고 하는 것과 승리와 상금을 위해 하는 행동의 결과는 다를 수밖에 없다.

동기의 자질

동기의 자질에 영향력을 주는 것은 내적인 것으로부터 기원한다. 즉 자질은 내적 동기로 설명된다. 내적 동기를 갖고 있는 e스포츠 선수들은 많은 시간을 다른 누군가를 만족시키기 위해 연습에 투자하는 것이 아니라, 자기 자신의 기술을 숙달하기 위해 시간을 투자한다.

많은 농구선수들은 훈련을 하기 전에 몇 시간 전에 도착한다. 기본 기술을 연습하고 자세를 수정하고자 노력한다. 자질은 많은 시간의 연습량에 결정되는 것이 아니라, 플레이어의 관심과 집중도에 따라 시간을 어떻게 활용하느냐에 따라 다르다.

자기 동기의 운동선수들은 자신이 가장 열심히 하고 있다는 사실을 잘 안다. 그들이 갖고 있는 에너지를 쏟아 그 자신의 한계에 도전하고 있음을 안다.

내적 동기는 모든 사람들에게 가치가 있다. 왜냐하면 무언가에 대한 진정한 열정의 표시이기 때문이다.

양초실험 해결

프린스턴대학교 심리학과 교수인 샘 글럭스버그(Sam Glucksberg)는 양초해결 실험을 하였다. 이 실험은 원래 1945년에 게슈탈트 심리학자인 칼 던커(Karl Dunker)가 시작하였다.

양초실험은 코르크 벽, 양초, 성냥, 압정, 압정박스로 구성된다. 실험은 참여자에게 양초가 떨어지지 않고 촛농이 테이블에 떨어

보이지 않는 e스포츠

지지 않고 얼마나 빨리 불을 켜는지 측정하였다.

양초실험

한 그룹에게 이 실험은 얼마나 빨리 문제를 빨리 풀 수 있는지 시간을 알아보기 위해 진행한다고 실험 참여자에게 알렸다. 여기에 참여한 실험자는 자신의 문제풀이가 다른 사람이 얼마나 빨리 푸는가의 기준점이 된다고 생각하였다.

또 다른 그룹에게는 빨리 문제를 푸는 사람들에게는 보상금을 지급하겠다고 하였다. 이는 외적 동기와 관련된다.

이 문제를 풀기 위해 많은 창의적인 생각이 적용되어야 한다. 움직이지 않게 압정이 필요하고 작은 쟁반을 코르크 벽에 단단히 고정함으로써 문제를 해결한다.

흥미롭게도 실험 결과는 외적 동기의 사람이 문제 해결에 훨씬 더 많은 시간이 소비하였다는 사실이다.

심리학에서 행동주의자의 연구자에 따르면 이러한 결과는 외형적인 보상이 스트레스를 갖게 하고, 주어진 초점에 더 많은 관심을 갖게 함으로써 문제해결을 어렵게 한다. 이는 창의적으로 생각하는 뇌의 역할을 방해하기 때문이다.

내적 압력이 없는 다른 팀들은 창의적인 생각을 하는 데 방해를 받지 않았다. 문제 해결의 보상은 자신이 이 문제를 풀고 성공한다는 사실이다.[75]

e스포츠 경쟁에서 지배적인 조건은 내적 동기나 외적 동기가 영향력을 미친다. 외적인 지향점과 강조는 선수로 하여금 A지점에서 B지점으로 성공적으로 이동한다. 하지만 여기에서는 창의성

---

75 **역자 주** 프린스턴 실험 팀은 앞에서 설명한 실험 방식과 다르게 또 다른 실험을 하였다. 즉 준비물을 상자에 담지 않고 책상에 그냥, 압정, 촛불을 두고 같은 조건, 즉 금전 보상 없는 그룹과 보상이 있는 그룹으로 나누어 진행하였다. 여기에서는 보상을 받은 그룹이 압도적으로 빠른 결과를 보여주었다. 눈에 보인 조건에서는 직접적 보상이 사람을 움직이게 하는 데 도움이 된다. 특히 e스포츠와 같이 즉각적인 창의력을 발휘하기 위해서는 보상이라는 외적 조건이 얼마나 우리에게 영향력을 주는지 한번쯤 생각해 보아야 한다. 단순 과제에 대한 외적 동기부여가 여기에서는 속도를 빨리 진행하는 데 도움이 된다. 하지만 e스포츠는 단순 과제가 아니다. 복잡한 전략과 전술이 개입되고 상호 협력 속에서 경기를 풀어나가야 한다는 점에서 창의력이 필요하다.

보이지 않는 e스포츠

을 발휘하는 데 도움이 되지 않는다. 창의성을 발휘하기 위해서는 **열린 마음**(open mind)이 필요하다. 이는 내적 동기에 기반으로 일어나는 힘에 의해서 만들어진다.

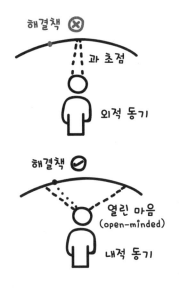

쉽지 않은 경기 하는 동안 문제를 해결하기 위해서는 잘 수행된 전략을 경기에서 발휘하는 것도 중요하지만, **모든 가능성에 우리의 마음을 열어 두어야 한다 ⑪**.[76]

---

76 **역자 주** 이 그림은 외적 동기로 e스포츠를 바라보면 특정한 자극에는 즉각적인 반응은 가능하겠지만, 창의력을 발휘하는 데 도움이 되지 않음을 보여준다. 자신의 내적 동기의 태도는 어느 한곳의 문제해결보다 다양한 상황을 파악할 수 있는 기회를 제공한다. e스포츠는 자신의 움직임보다 자신을 둘러싼 화면에 보이지는 않는 우리 편이나 적의 움직임을 파악하는 것이 승리와 연결된다. 이를 위해서 우리의 마음태도가 특정한 곳에 두지 않고, 모든 것을 받아들일 수 있는 자세가 필요하다. 마음을 한곳에 두면 다른 해결책을 발견하는 데 어려움이 나타난다.

우리의 영웅

우리는 우리가 좋아하는 사람들로부터 많은 것을 배운다. 그들은 우리 자신의 감정을 자극하여 존경하게 만든다. 우리가 무언가 과거에서 따라 배워야 한다고 회상할 때 나타난 것은 의식적으로나 무의식적으로 자신의 머리에서 나온다. 그들은 우리 일상의 영웅들이기 때문이다.

팀을 이끌어가는 감독과 코치에게 그러한 명성을 가질 수 있는 시간이 필요하다. 처음에 선수들이나 팀의 경기 스타일이 마음에 들든지 들지 않든지 간에 그들 팀과의 감정적 유대를 만들어내는 것이 더 중요하다. 비효율적인 리더십의 명확한 모습은 그저 그런 팀이 된다.

사람들은 누군가를 좋아하거나 싫어하든지 간에 누군가를 따르는 속성을 갖는다. 부모와 자식 간의 관계도 마찬가지다. 비록 싫어한다고 하더라도 아이들은 부모의 행동 패턴을 반복하게 된다.

우리의 플레이 스타일을 예술의 경지로 올려놓기

많은 e스포츠 선수들에게 그들을 움직이게 하는 동기를 물어보면, 그들은 경기를 완벽하게 끝내려고 노력한다고 말한다. 이 태도는 인간의 본성이다. 인간이 작은 것을 만드는 일에 많은 시간을 투자하는 것은 기술자와 같이 완벽하게 무언가를 만들고자 하기 때문이다. 여기에서 나온 것이 집중의 결과물이다. 이러한 태도는 화가, 음악가, 기술가, 운동선수들에게 똑같이 적용된다. 우리는 e스포츠 선수들의 완벽한 공격과 전술은 경기에 대한 승리 만큼 플레이에게 만족감을 가져다준다.

e스포츠에서 게임은 원재료이고, 캐릭터는 도구이며, 경기는 마지막 창조된 결과물이다. e스포츠 경기를 사랑하는 것은 자신의 능력을 완벽하게 발휘하는 과정에서 나오는 즐거움이다.[77]

동기를 불러일으키는 말

팀에게 동기를 불러일으키는 말은 선수들 앞에 서 있는 코치나 감독의 화살통에 있는 화살과 같이 중요하다. 개개인의 소통은 정보를 전달하는 가장 중요한 방법이다. 동기를 북돋는 말은 우리가 다른 사람에게 이야기하는 것과 일반적으로 다르다.

동기를 북돋는 말에 수반된 정보는 아주 기본적인 것이 되어야 한다. 이는 **감사의 형태**를 취해야 하고, 그들이 추구하는 **가치나 솔직성을 강조**해야 한다. 동기부여의 말은 팀이 승리를 해야겠다는 믿음을 강화해준다. '승리가 모든 것은 아니다'는 입장도 중요하다. 리더는 팀을 격려해야 한다.

어떤 어려움이 있더라도 우리 팀은 100% 자기 기량을 잘 발휘할 수 있음을 강조한다. 동기를 북돋는 말은 전략과 전술이 완벽하게 준비되어 있으나, 우리의 목표를 다가가기 위해 정신력이 부족할 때 추가적인 감정을 작동하게 한다.

동기를 북돋는 말은 단지 더 나은 실행능력을 증대시키는 속임

---

77 **역자 주** 자신의 경기스타일이 예술의 경지로 올려놓기 위해 가장 중요한 요소는 승리를 떠나 최선을 다하는 것에서 나온다. 이것이 e스포츠가 갖는 미(美), 즉 아름다움의 요소이다.

수는 아니다. 말하는 사람과 듣는 사람들 간의 공유하는 솔직한 감정과 연대감의 표현이다. 즉 팀에게 용기를 부여하는 중요한 수단이다.

6

자아(The Self)

6

자아(The Self)

| 집중(attention) |

내적 자아는 집중이 어떻게 작동하는지를 잘 알면 이해가 쉽다.[78]

집중은 조용하게 유지할 때 연관성을 갖는다. 우리가 조용하게 다른 사람을 볼 때 우리는 보이지 않는 연결선을 형성하기 시작한다. 군중 속에서 누군가를 발견할 때 우리는 그의 움직임을 알아차린다. 사람들이 움직여 뒷모습을 볼 때에도 알아차린다. 많은 사람들은 집중이 그 자신의 힘을 수반한다고 주장한다.

두 사람 사이에 눈이 마주칠 때 집중은 더 커진다. 눈은 영혼의

---

78 **역자 주** 여기에서 집중의 의미는 어느 한곳에 초점을 맞춘다는 것이 아니다. 우리의 마음을 안정화하고 바라본다는 동양적인 관(觀)의 의미로 해석해야 한다. 집중의 정도는 자신의 외적 자아와 내적 자아의 역할에 따라 다르게 나타나고 그 내용도 다르다. 집중의 정도는 상황에 따라 다르게 나타난다. 예컨대 우리의 집중 정도는 도서관이나 커피숍에서 하느냐 따라 상황은 다를 수 있다. 이는 외부적인 환경의 요인이 자신의 집중에 영향을 미친다. e스포츠 선수들의 집중과 관련해서는 자신의 관점을 이해해야 한다. 집중은 자신의 마음상태에 초점을 맞추어야 한다. 자신의 마음상태가 물과 같이 고요해야 한다. 물은 고요해야 다른 사물을 있는 그대로 볼 수 있기 때문이다.

거울로 불리어지기 때문에 소통하는 사람들은 그들의 응시를 멈추었을 때 마음이 연결됨을 발견할 수 있다.

문제는 집중이 상황에 따라 다르게 작동한다는 점이다. 예컨대 무대의 배우는 수백 명의 눈과 귀를 사로잡아야 한다. 그들은 관객으로부터 많은 에너지를 얻는다. 이러한 것은 대학에서 강의를 듣는 경우에서도 일어난다. 하지만 이러한 개입은 비대칭적이다. 정보의 흐름이 일방향적이기 때문이다. 유사한 상황이 개인 간의 의사소통에서 일어난다. 누군가가 토론을 주도적으로 이끌어간다면 다른 사람은 이야기를 듣는 수동적인 역할로 축소가 된다. 이러한 상황에서 침묵하는 사람들의 생각은 사라질 것이다. 반면에 다른 사람은 정확하게 설명한 것을 잘 이해하지 못했다고 하더라도 쌍방향적 관계에서 자신은 재미있었다고 생각할 것이다.

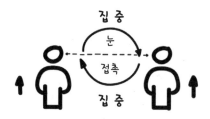

집중의 흐름

상호 집중의 부족

집중 얻기

사람들은 어릴 때 그들 부모의 관심을 얻기 위해 소통하는 방법을 배운다. 그것은 주로 기본적인 단위인 울기, 미소짓기, 소리 내기를 통해 부모로부터 관심을 얻고자 한다. 그러나 그들이 배우는 효율성은 그들이 시도한 방법에 따라오는 나타난 **대응하는 경험(집중)**이 자신에게 기록되고 배운다 ⑫.

성인이 됨으로써 우리는 학습된 사회적 이익 때문에 집중을 통해 기술을 배우기 위해 노력한다.

게임(the games)

게임을 하는 목적은 극장과 연극에서와 유사하게 사람들의 관심을 유발하고 그것을 얻으려고 한다. 사람들이 놀이하는 게임의 형태는 각자의 입장에서 보면 서로 다를 수밖에 없다. 누군가는 화려함을 즐기기도 하고 다른 사람은 색다른 경험을 하고자 한다. 하지만 게임의 목적은 사람들로 하여금 긍정적이거나 부정적이든지 간에 항상 하나의 반응을 이끌어낸다는 점이다.[79]

에릭 번(Eric Berne)의 저서 '심리게임(Games People Play: 심리게임 교류 분석으로 읽는 인간관계의 뒷면)'에서 이러한 현상을 인간의 게임(human gaming)으로 설명하였다.[80]

79　**역자 주** 인간이 게임을 한다는 것은 생존의 한 방법이다. 우리가 언어로 말하는 것도 상호 간의 역할 규정에서 나오는 게임의 한 형태이다. 우리는 그 언어가 무엇을 의미하는지 파악하기 위해 상호 질문하는 언어게임을 진행한다.

80　**역자 주** 교류분석(Transactional Analysis)이라는 이론을 세운 에릭 번은 그의 책에서 다음과 같은 주장한다(조혜정 역, 2009). 우리의 행동을 착각하지 말라.

가장 일반적인 게임의 형태는 개인의 특성과 성격에 따라 여러 단계로 나누어진다.

1. **위협** (주위의 공기를 차게 한다). 위협하는 게임은 다른 사람들에게 위협을 심어줌으로써 자신을 과시하고자 한다.

2. **수다** (그들은 조용히 있지 못한다). 끊임없는 이야기로 상대를 압도하는 사람이 존재한다. 그들은 전형적으로 다른 사람의 사고의 흐름을 따라가는 데 어려움이 있다. 누군가가 이야기를 마치고자 할 때에도 혼자 독백으로 이야기를 지속하고자 한다.

3. **선동가** (이것이 어디에서 왔는지 아는가?) 다른 사람들에게 놀라게 하기 위해 조작이나 이상한 행동 또는 복장을 한다. 그들은 어떤 희생을 하더라고 다르게 보이도록 노력한다.

4. **자기 인형** (왕자같이 행동한다). 자기 인형은 다른 사람들의 관심을 끌기 위해 아름다움이나 스타일을 이용한다. 그러나 외형적인 성격의 필요성까지는 느끼지 못한다. 그들은 감정적으로 주위의 환경과 떨어져 있으며, 냉정하거나 다가오지 못하게 한다.

5. **탐험가** (그들은 스포츠에 관심이 있지 사람에 관심이 없다). 그들은

우리 모두는 게임을 하고 있을 뿐이다. 그리고 어떤 사람이 남 몰래 위안이나 만족을 얻으려고 사회적 소란을 일으키는 것도 게임이라고 부른다. 게임은 사회적 행위 가운데 상당히 복잡하고 고차원적인 행위인데, 그것은 언제나 기본적으로 부정직하며, 그 끝은 단순한 흥분과는 분명히 다른 드라마틱한 속성을 갖는다. 게임은 대개의 경우 반복되며 겉으로는 그럴 듯해도 속으로는 일종의 함정 혹은 속임수를 숨기고 있다.

보이지 않는 e스포츠

내적 지향적이다. 그러나 평균적인 사람들보다 훨씬 목표 지
향적 사람이다. 그들은 스포츠에 열광적인 팬들이며 열정에
비해 우정은 부차적이다. 그러나 그들은 탐험에 대해 이야기
하고 그룹에서 관심을 즐긴다.

6. **심문자** (그들은 다른 사람을 탐구한다). 질문자와의 이야기는 항상
   자신이 검토를 받는 대상으로 느낀다. 그는 개인의 관심사를
   알 때까지 질문한다. 가장 상세한 내용까지 알고자 노력한다.
   이러한 논의는 타인에게 아주 강렬하고 고문에 가깝다.

7. **불쌍한 모습** (다른 사람에게 미안한 모습을 보인다). 이러한 종류
   의 사람들은 불평을 하고 다른 사람의 동정을 받기 위해 노
   력한다. 불쌍한 모습의 상대의 관심이 감정적으로 위로를 받
   는다.

8. **비밀스러운** (그들은 비밀스럽다). 내적 지향적 사람들은 많은
   사람들과 이야기를 공유하지 못한다. 드문 경우이지만, 우리
   가 다른 사람과 이야기를 나눌 때 그들의 지능을 드러내기
   위해 가능한 한 깊이 있는 사고를 하고자 한다. 그리고 다른
   사람들의 관심에 불쾌감을 표현한다.

다른 사람의 관심을 어떻게 얻는지에 따라 e스포츠 선수들의
성격을 결정한다. 우리가 실수했을 때 격려나 피드백 또는 용기를
갈망하는 선수들은 많다. 반면에 다른 사람들은 침묵으로 경기를
진행하고자 한다. 그들은 코치가 그의 등을 치거나 칭찬할 때도
중요하다고 생각하지 않는다. 그리고 어떤 선수들은 관객만을 위

해 경기하고, 많은 팬의 수가 자신의 성공 척도로 판단한다. 물론 그들의 팀을 가족이라고 생각하고 그들 동료의 격려에 용기를 얻기도 한다.

모든 사람이 팀 속에서 관심과 인정받고 싶어한다는 점에서는 동일하다.

여왕 신드롬

e스포츠 삶 속에서 스타라는 관심의 영향력을 잘 이해하기 위해 특정 형태의 개성을 가진 "여왕"이라 불리는 예를 검토해 보자.

여왕은 아름다움을 발산하는 젊은 여자이다. 그는 매력적인 미소와 사람의 관심을 끄는 개성을 가진다. 그녀가 비록 어린 공주라고 하더라도 모든 사람의 이상적인 그녀의 모습을 주목하고, 나이가 들어감에 따라 대중의 관심도 증대된다. 심지어 아이들도 그녀를 위해 싸우고, 그녀와 함께하기 위해 모든 것을 건다.

이 모든 것을 넘어 우리의 관심을 끄는 이유는 무엇인가? 그녀의 아름다움과 위상 때문에 많은 사람들의 관심을 끈다. 모든 관심을 받고 있다는 것이 그녀에게 외적 자아(ego)를 형성하게 한다. 그녀 주위의 사람들은 그녀가 이야기한 모든 말을 듣고자 한다. 한편 그녀는 특정한 사람들에게 관심을 두지 않는다. 왜냐하면 모든 사람들에게 지속적인 관심을 받기 때문이다. 이것은 그녀가 동료와 상호 소통을 하는 데 능력부족으로 나타난다.

시간이 지나감에 따라 그녀의 자부심은 탐욕스럽게 되어가고 더 많은 영향력을 가진 사람들로부터 관심을 갖기 원한다. 그녀는 많은 사람들 모임에 참여하여 그녀 자신의 부와 화려함을 보여주는 것이 당연한 것이라 생각한다. 이러한 외적 자아(ego)는 한쪽으로 편향된 관점으로 편견 없이 다른 사람에게 다가가기 힘들다. 그래서 그녀 자신의 왜곡된 관점에서 모든 사람을 바라보게 된다.

성공과 증가된 관심

물론 앞선 예는 독특한 경우이다. 일반적으로 외모로 성공하기는 힘들다. 하지만 특정한 누군가에게 외모는 성공의 가능성으로 나타날 수는 있을 것이다.

많은 젊은이들은 스포츠에서 보여준 스포츠 영웅이 얼마나 인기를 누리고 있는지를 잘 안다. 영웅들은 열광하는 팬들로 둘러싸인 상황에서 전혀 움직이지 못하는 경우도 본다.

이러한 관심은 앞에서 언급한 여왕이 즐기는 기분과 다르지 않다. 운동선수들의 성공적인 경력은 더이상 코치나 팀 동료와 관계 없는 사람들이 에워싸게 된다. 하지만 성공은 개인적 동료, 매니저, 수많은 팬들의 덕분이다. 성공은 하늘에서 갑자기 떨어진 것은 아니다. 성공은 오랜 다양한 사람들의 도움과 노력의 결과이다.

운동선수의 삶은 급격하게 변한다. 한때 젊은 여왕의 특징이 선수시절에 나타날 수 있다. 그들은 공공의 관심으로부터 감추어지고, 일상적인 생활에 필요한 한정된 사람들과 직접적인 접촉을 유지하고자 한다.

운동선수의 성격이 젊은 여왕보다 더 나은 장점을 가지고 있다고 하더라도 어린 시절 무언가의 관심을 경험하지 못한 사람들에게는 최초의 경험이 외적 자아의 특징을 지속적으로 유지시켜 준다. 이러한 점에서 솔직히 성공은 상처를 줄 가능성이 높다.

성공적인 사람들은 그들의 자아를 유지하는 데 어려움이 존재한다. 대중의 관심에 중독적인 성향을 보인다. 그러나 e스포츠 선수들이 이러한 감정에 빠지게 되면 그들이 경기 중 집중해야 할 본질적인 것을 유지하지 못하게 된다.[81]

우리가 아는 자아

우리는 우리 자신을 바라보면서 우리가 갖는 꿈이 긍정과 부정의 양면성임을 알아차려야 한다. 우리는 관심의 중심에 있다는 사실을 즐긴다. 그러나 동시에 같은 상황이라고 하더라도 무시받고 있다면 나쁜 느낌을 갖게 된다. 우리 자신의 마음에 평화가 지속된다고 생각하더라도, 다른 측면에서 자신의 마음에서는 내적 모순과 충돌을 야기한다. 어떻게 보면 우리가 우리 자신에게 최악의 적이라는 사실이다.

반면에 우리는 믿을 수 없는 업적을 성취할 수 있다. 자아가 갖는 외적 자아와 외적 자아의 이중성을 이해하기 위해서는 한 사람에 대한 환경의 영향력을 생각해야 한다. 신생아를 생각해 보자. 그들은 순수하고 순진하다. 세상의 조잡함으로부터 오염을 받지 않은 존재이다. 그러나 성장함에 따라 조금씩 엄마가 슬플 수도 있고, 아버지가 괴로울 수 있음을 안다. 따라서 **그들은 직접적으로 환경이 자신들에게 가져다주는 이중성을 배운다.**

아이들이 빠르게 배우는 것은 특정한 행동패턴이 그들의 환경

---

81 **역자 주** 프로e스포츠 선수가 되면 수억 원의 연봉을 받는다. 어린 나이에 돈과 명성을 어떻게 관리해야 하는지도 생각해 보아야 한다.

보이지 않는 e스포츠

을 다룰 수 있다는 점이다. 만약 그들이 울면 즉각적으로 관심을 받을 수 있음을 안다. 무언가의 보답을 원한다면 그들의 행동으로 대부분 요구를 충족시킬 수 있다고 생각한다. 그러나 거기에도 자신의 통제 범위를 넘어서 존재하는 것도 있다. 사람들은 왜 서로에게 상처를 주는지 명확하게 이해하지 못한다. 그리고 왜 자신이 시기하고 질투하는지도 잘 알지 못한다.

경쟁은 일상적인 행위가 된다. 사람들이 학교에 들어가 특정 행동이 비록 나쁜 행동이라고 할지라도 더 많은 관심을 얻는다. 반면에 이러한 행동이 부모님이나 선생님들로부터 더 많은 보답을 얻는 것도 안다. 이러한 학습패턴은 자연스러운 것은 아니라 아이들에게 주어진 환경에 의해 결정된다. 우리는 일상생활에서 그렇게 함으로써 그 행동의 결과물에 주목하게 된다.

외적 자아	내적 자아
나	우리
자아중심	이타주의
지속적인 편견	창조적. 오픈 마이드
외부세계에 초점	대부분 세계 경험
과거나 미래지향적	현재 지향적
만족 추구	자기실현
의지	의도
투쟁	몰입
측정	수용
다른 사람의 관심에 재충전	경험에 의한 재충전
기대	제공
소유	출발

어린이 같은 순진함은 사회적 상황에 따라 천천히 사라진다. 아이들은 배척당하지 않기 위해 사회적 집단에 어떻게 적용해야 하는지를 안다. 대부분의 사람들은 30대에 도달하면 사회적 규범과 요구가 무엇인지 알게 되며, 그것이 인생의 행복에 도움이 된다는 사실도 알게 된다. **새롭게 형성된 껍질, 즉 바깥으로 향하는 자아가 외적 자아(ego)이다. 의식적 존재의 핵심이라 할 수 있는 내적 자아는 본능적인 어린이와 같은 지혜이다.**

앞에서 보인 표에서 자기(self)는 두 개의 다른 단계에서 자신을 표현하는 차이점을 잘 보여준다. 각자의 의식이 작동하는 층위가 어떻게 행동하고 있는지를 주목할 필요가 있다. 왜 자기 동일성으로 생각되는 자기가 두 가지 측면으로 구분되는 이유는 무엇인가? 우리는 이 차이점을 구분함으로써 이 둘이 변할 수 있음을 확인할 수 있다.[82]

---

82 **역자 주** 사실 자기(self)가 외적 자아와 내적 자아로 구분한 것을 쉽게 이해하기 힘들다. 역자가 생각하기에 자기(self)는 마음이라고 생각한다. 마음은 내적에서 나오는 순수한 마음과 외형적으로 지향하는 마음으로 구분된다. 마음을 내적 마음과 내적 마음을 구분하기란 쉽지 않다. 저자가 언급하였듯이 원래 인간은 순수한 마음을 가지고 세상을 보고 파악하지만, 자신의 성장과 환경과의 관계에서 이익을 추구하는 외적 마음으로 나타난다는 사실이다. 순순한 마음, 즉 내적 자아를 찾는 것이 e스포츠 선수가 진정으로 추구해야 할 가치로 생각한다. 이는 동양적인 관점과 너무나도 유사하다. 검도를 수행하고 있는 역자의 입장에서 본다면, 검도 경기에서 승리를 추구하는 것이 전부가 아님을 안다. 그리고 검도 경기의 승부를 결정하는 요소가 외적 자아보다는 내적 자아라는 사실이다. 승부에게 이겨야겠다는 다짐이 외적 자아에서 나온 것이라면, 승부를 떠나 마음으로 경기에 임하는 태도는 내적 자아에서 나온다. 승부의 결과는 후자가 훨씬 더 나은 결과를 가져다준다는 사실이다.

보이지 않는 e스포츠

ego(외적 자아)

많은 사람들은 휴가를 가는 것을 즐기고, 방해를 받지 않고 그들이 원하는 것을 하고자 한다. 휴가시간이 왔을 때 산이나 특별한 장소를 찾아 시간을 보낸다. 하지만 휴가 동안 일상적인 문제가 다시금 나타난다. 날씨가 덥다거나 기다림이 오래된다든지 하여 저녁을 먹기 전에 짜증이 나게 된다. 사람들이 어떤 장소를 방문했을 때 다른 생각을 하지 않고서도 다른 감정을 느낀다. 우리는 우리의 환경은 바꿀 수 있으나 우리 자신의 존재를 바꾸기는 힘들다.

모든 사람은 사회적 조건에 의해 일정 부분 외적 자아를 형성한다. 그 환경은 부모와 자신의 성장과 관련된 사람에게서 나온다. 외적 자아의 역할은 때때로 다른 사람의 희생을 치르더라도 자기 욕구의 충족과 자기 생존의 유지에 있다. 그럼에도 불구하고 외적 자아는 사악하지도 나쁜 동물을 죽이는 사냥꾼도 아니다.[83]

동양의 종교에서 외적 자아는 통제되어야 하며, 지혜 있는 실천가는 그것을 최소의 역할로 축소하였다. **우리에게 중요한 해결책을 제시하는 외적 자아가 의식적 선택을 가능하기 위해서는 진실한 자기와의 조화를 이루는 것이다.** 단지 외적 자아가 유일한 결정자로 허락된다면 다른 생각들로 하여금 자신을 압도하게 된다.

---

83 **역자 주** 원래 인간의 자아는 순수하다. 하지만 환경과 자신의 욕망에 따라 나타난 외적 자아에 휘둘리게 된다. 따라서 외적 자아를 나쁜 것으로 파악해서는 안 된다. e스포츠를 통해 외적 자아가 아니라 내적 자아의 발견을 할 수 있는 기회로 삼아야 한다. e스포츠의 움직임이 하나의 철학적 의미를 갖기 위해서는 e스포츠의 경험이 자신의 태도를 바꿀 수 있어야 한다.

우리는 외적 자아가 우리의 행동을 특정한 행동 패턴으로 어떻게 통제받고 있는지 파악할 필요가 있다. 우리가 경기에서 무언가를 결정하고자 할 때 그 순간 무언가를 결정하는 주체는 외적 자아이다.

이렇게 정의하면 외적 자아는 부정적인 것으로 나타난다. 외적 자아의 결점은 외부세계를 설명하거나 반응에 있는 것은 아니다. 외적 자아의 허약성은 행동의 부정적인 패턴을 흉내 내어 반복과 탐욕스러운 관심을 얻기 위한 것에서 유래한다는 점이다.[84]

내적 자아

많은 사람들은 일생 동안 우리의 진실한 목적이나 운명을 성취하기 위해 살아가기 보다는 다른 사람을 행복하게 만들기 위해 살아가는 사람도 존재한다. 이렇게 할 때에 우리 자신의 욕망은 천천히 잊어버리고 사라지게 된다. 이러한 경험이 자신에게 일어날 때 갑작스러운 깨달음이라는 것이 나에게 일어난다.

우리가 아침에 일어나서 더이상 바람직한 희망을 알지 못하고, 여기에 덧붙여 우리 자신의 내적 자아를 파악하지 못한다면, 그때가 우리가 변해야 할 시점이다.

변화는 우리에게 무언가 강요하는 연결점을 깨어야 얻을 수 있다. 그리고 자신에게 초점을 맞출 때 드러난다. 우리는 다른 사람들

---

84 **역자 주** 자기 자신에서 외적 자아가 어떻게 나타나는지를 파악할 필요가 있다. 우리 자신은 욕망과 욕구로 e스포츠를 대하는 것이 아닌 그것이 주는 경험이 무엇인지를 직시해야 한다. 외적 자아가 아닌 내적 자아로 자신이 e스포츠를 경험하는 기회를 가져야 한다.

과 같이 하지 않고 혼자서 많은 시간을 보낸다. 삶의 큰 문제에 대한 해답과 위대한 욕망은 우리 안에 숨겨진 내면화되어 있다는 점이다. 그것을 드러내기 위해서는 일정한 노력과 시간이 필요하다.

우리가 어린이 때는 단순하고 순수하고, 좋고 나쁨을 즉각적으로 대답한다. 하지만 우리가 성장함에 따라 원하고 원하지 않는 것을 알게 된다. 물론 우리가 성장할 때까지 몇 가지 선택의 여지가 전혀 없는 것은 아니다. 지금은 변명의 여지가 없다.

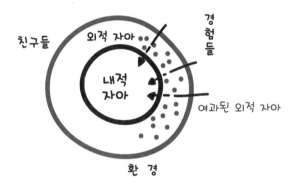

내적 자아에 대해 가장 이상한 것은 내적 자아와 외적 자아의 실체와 완전히 구별되지 않는다는 점이다. 내적 자아와 외적 자아는 동전의 양면이다. 사람이 자신의 내적 세계, 감정, 욕망, 반성을 하지만, 그것 또한 외부세계를 보는 거울에 반사되어 나타난다. **바깥으로부터 오는 모든 경험은 처음부터 우리의 외적 자아를 통해서 나타난다.** 결과적으로 바로 보인다는 사건도 부분적으로 자신의 관점이 포함한 해석이 될 여지가 존재한다. 때로는 부정적으로, 박수를 받는 상황이라고 할지라도 불만스러운 것으로 인식하기도 한다. 우리 모두는 다르기 때문이다. 그러나 우리 자신의 내적인 자아가 가치 있는 것을 찾아 욕망을 억제할 수 있는 촉발의 계기가 된다는 점에서 같다.[85]

내적 자아와 외적 자아의 조화

인간의 역사에서 심리의 이중적 구조는 인정해왔고, 그들 간의 중심을 찾기 위해 노력해왔다. 평균적인 보통 사람은 자신의 외적 자아를 넘어 해결책을 찾는 것은 자신의 피부를 벗기는 것과 같다.[86]

조화는 외적 자아의 침묵에서 나온다.

많은 문화에서 보여주듯이 종교에 헌신하는 권위 있는 사람들은 책에 근거해서 세계를 해석하는 데 많은 시간을 보낸다. 서구 사람들은 폐쇄된 공동체에 참여하여 내적 자아의 심오한 변화를 획득하고자 한다. 이러한 카타르시스적인 경험은 환경이

---

85 **역자 주** 우리의 자아, 즉 마음이라는 것은 대상을 있는 그대로 보면 문제가 없는데 그렇게 작동하지 않는다는 사실이다. 주어진 환경의 요소일 수도 있고 자신의 성장과정에 따라 생각하는 태도의 변화일 수도 있다. 하지만 마음은 대상에 대한 항상 무언가를 덧붙이는 속성을 보인다. 주어진 것보다 더 많이 생각하는 특징을 갖는다. 이는 현상학(phenomenology)에서 언급하는 지향성(intentionality)으로 설명한다(이상호, 2016). 지향성이란 의식은 항상 무언가에 관하거나 대해서 생각한다. 있는 그대로가 아니라 자신의 관점과 태도를 더해서 판단한다는 것이다. 따라서 대상을 정확하게 보기란 쉽지 않음을 이야기한다.

86 **역자 주** 그만큼 외적 자아의 관점을 버리는 것은 힘들다. 외적 자아와 내적 자아를 구분하기도 힘들고 그들 사이의 조화는 더 힘들다. 외적 자아와 내적 자아는 자신의 경험을 통해 확인해야 인식이 가능하다.

보이지 않는 e스포츠

만들어주는 외적자아의 필요성에 관심을 두지 않는다. 서구 문화의 사람들은 그들이 익숙한 것으로부터 해방감과 평화로움을 찾고자 한다.

수도원에 가거나 지속적인 명상을 실천하는 것만이 내적 조화를 획득하기 위한 유일한 방법은 아니라는 사실이다.

중요한 방법은 마음 챙김(mindfulness)의 방법이다[87] ⑬. 외적 자아가 우리의 감정에 불평등한 영향력을 행사하는 이유는 인간이 더 많은 자극에 대한 반응과 관심의 증대에 기인한다.

할리우드의 뛰어난 스타와 고승과의 동일성을 비교하고자 할 때에 우리는 다음과 같은 차이점을 볼 수 있다.

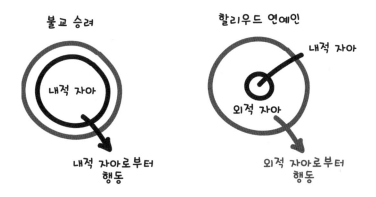

---

87 **역자 주** mindfulness의 해석은 중요하다. 어떻게 해석하느냐에 따라 실천적인 방법도 달라질 수 있기 때문이다. 자신에게 매 순간 일어나는 것이 알아차림이다. 이러한 알아차림이 가능하기 위해서는 마음이 가라앉은 상태가 전제가 되어 알아차림을 보아야 한다는 점에서 지관(止觀)으로 번역이 가능하다. 불교의 명상법인 지(止, samatha)는 모든 생각을 중지한다는 것이며, 관(觀, Vipassanā)은 지(止)로서 사물을 바로 보는 것이다. 지관은 선정과 지혜로 설명되며 그 둘은 서로 나눌 수 없다.

불교 승려의 일상은 외적 자아의 명료성에 의해 자신의 생각을 왜곡하지 않는다. 그들은 자극에 반응하지 않고 그 반응에 무언가를 나타내지도 않는다.[88] 서구에서 유명인의 삶은 정확하게 반대된다. 사람을 들뜨게 하는 많은 자극은 대중의 눈으로 보면 조용한 반성 및 반조와 관련하여 거의 보이지 않는다. 외적 자아로 행동하고 다른 사람과 관계를 맺는 조건에서 대중적인 스타들의 진실한 감정을 표현하고 살아가는 기회가 없다.

그럼에도 불구하고 외적 자아를 억누르는 것만이 완전한 해결책은 아니다. 외적 자아는 방향성 없는 아이와 같이 행동하는 것이기 때문에 우리가 금지한다고 하면 다른 측면에서 어떠한 행동을 강요하는 것으로 나타난다. 그래서 **외적 자아는 아이들 같이 행동하는 것을 배워야 한다.** 우리는 동료나 적인 것과 관계없이 인생에서 진실한 조화를 이룬 사람들로부터 배워야 한다.

조화를 만들어가는 관심에서 시작해야 하고 현재에 집중해야 한다. 우리의 삶에서 조화로움의 경험은 중요하다. 이러한 조건상황에서 색깔은 살아있어야 하고, 소리는 명료하게 들려야 하고, 눈물은 더 많은 감정에 반응해야 하고, 토론에는 더 많은 사람이

---

88 **역자 주** 명상을 하는 승려들의 뇌 연구에서 그들은 감마파의 진동 활동이 놀랄만큼 일반인들과 차이를 보여주었다. 감마파장의 인지기능이 나타날 때 작동하는 신경세포군의 활발한 통합을 이루는 데 중요한 역할을 한다. 이는 e스포츠 선수들의 주의력 집중과 인지기능에 긍정적인 영향을 미칠 수 있음을 보여준다(Lutz, et. al., 2004). 명상을 통한 주의력은 시각적 대상물이 자신에게 주는 신호를 처리하기 전에 이미 판단하는 뇌피질의 시각의 영역에서 진동활동이 증대되고 있음을 보여준다. 대상자가 청각적 신호처리의 예견도 마찬가지다(Fries, 2009). e스포츠에서 즉각적인 판단과 행동이 승부의 중요한 요소라면, 모니터에서 보인 시각과 청각의 정보처리 이전에 뇌의 준비활동은 e스포츠 선수들에게 대단히 중요하다. 이는 e스포츠 선수들의 명상훈련이 e스포츠 경기력과 연관되어 있음을 보여준다.

참여해야 한다.

일상생활에서 이러한 마음가짐을 유지하는 것은 쉽지 않는 일이다. 바깥 세계는 항상 우리에게 외적 자아를 유혹할 수 있는 내용을 제공한다. 그리고 바깥 세계는 우리에게 항상 새로운 관심 갖기를 요구한다.

우리는 자신의 발전을 위한 시간이나 장소를 발견해야 한다. 책이나 장소, 지루한 일상의 덫을 벗어나기 위해 도와주는 책이나 장소를 찾아 조용하게 자신을 발견할 수 있어야 한다.

거울효과

다른 사람의 비난은 **자기반성의 문제를 제기해야 한다. 즉 자신의 실패를 파악할 수 있는 기회를 삼아야 한다.** 만약 우리가 실수를 하지 않는다면 발전할 수 없고 우리의 팀이 더 좋아질 수 없다.

우리 팀의 구성원들에게 우리 자신의 실패 가능성을 열린 마음으로 직시해야 한다. 외형적 자기가 개입하지 않고 실패를 있는 그대로 직시해야 한다.

다른 사람의 눈에 가시를 보는 것은 자신의 눈으로 현명함을 보지 못한다.(헝가리 속담)

다른 사람의 잘못을 보는 것은 쉽다. 그러나 우리 자신에게 있는 잘못을 발견하기란 쉽지 않다. 외적 자아는 잘못의 발견을 저 멀리 보내는 역할을 한다. 다른 사람들에게 나타난 부정적인 요소를 발견하고자 할 때 우리는 먼저 이러한 속성을 인정해야 한다.

다른 사람에게 발견된 잘못이 자신에게도 발견될 수 있음을 비교해서 찾아 설명해야 한다. 우리는 다른 사람과 자신이 다른 사람이 아님을 알아야 한다. **다른 사람에게 짜증나게 하는 것은 우리 자신에게도 회피해야 한다 ⑭**. 이것은 서로 소통되고 자신에게 투사(projecting)되어야 한다.

학교생활 때 귀가 큰 관계로 학생들로 하여금 끊임없이 괴롭힘을 당한 학생이 있었다. 그의 이름은 모든 사람들에게 알려지게 되었다. 놀린 학생들도 귀는 갖고 있으며, 작은 귀로 눈에 띌 수 있다. 단지 놀리기 이전에는 전혀 알지 못한 상황이다. 그렇게 놀린 동기는 무엇인가? 그 이유는 자신의 귀가 눈에 띄는 것을 확신하지 못했기 때문이다.

모든 사람은 그들 자신을 변화시킬 수 있는 힘을 갖고 다른 사람의 충고를 받아들인다. 반대로 대부분의 사람들은 자기 발전에 도움이 되는 정보를 모으는 데 관심이 있다. 다른 사람의 삶에 관여하는 것이 적절하지 않음을 쉽게 알지 못한다. 우리는 자신의 거울을 보면서 자신의 많은 부분이 변화하고 있음을 안다. 많은 변화가 일어나기 위해서는 자기 자신의 깊은 상황에 대한 이해로부터 시작해야 한다.

팀 문제의 원인을 발견하기 위한 효과적인 방법은 **팀 구성원들에게 자기 평가의 힘을 불어넣는 것이다.** 하지만 이를 위해서는 자기반성에 대한 능력과 이를 통한 강한 반성의 훈련이 필요하다.[89]

---

89 **역자 주** 검도에서 기본기를 할 때에 거울을 보면서 배운다. 자신의 자세가 맞는지 틀린지를 반성한다. 하지만 그 거울에 보인 자세 수정은 자신의 관점에서 본 자세의 반성이다. 따라서 옆에 있는 사범이나 선생님이 나의 자세를 지적하고 수정하기를 요구한다. 결국 자신이 거울을 보고 반성하는 것은 진정한 반성

삶에서 자아의 목표

나

거울

그는 큰 귀를
갖고 있다.

나의 외적 자아는 "내 또한 큰 귀를 가지고
있음"을 인정하지 않는다. 왜냐하면 외적
자아는 이것을 하나의 결점으로 인정하기
때문이다.

우리 삶의 계획은 무엇인가? 이러한 주제는 수천 권의 책 주제
이며 철학적 논의이다. 우리 대부분은 이러한 질문을 매일은 아니
더라도 한번쯤 던지고 답을 찾으려고 노력해야 한다.

우리의 인생에서 단순한 목표인 부자나 성공한 사람 그리고 인
기인이 되기를 생각하기란 쉽다.

죽음의 문턱에서 대부분 가장 소중하다고 생각하는 것은 사랑

이 아니다. 자신이 생각하는 자세가 틀릴 수 있다는 생각을 갖고 선생님이나 다
른 사람들의 의견을 받아들일 수 있는 자세가 필요하다. 이것이 자기반성의 능
력이고 반성의 훈련이 필요한 이유이다.

하는 사람과의 만남과 친밀한 관계를 맺은 사람들이다. 이 이야기에서 일상의 보편적인 주제는 사람과의 관계이지 돈이나 명예가 아니라는 사실이다.

e스포츠 경력이나 헌신의 원인은 우리가 선택한 삶에 적절한 근거 구조를 제공한다. 자신이 선택한 길에 작은 성공이나 큰 승리는 그들 자신의 것이 아니다. 성공이나 승리는 일시적인 것이다. 돈, 성공, 관심에 따른 애정은 **프레임에 그려진 그림**이다. 그러나 궁극적인 것은 그림에 그리고자 하는 사람에 좌우된다. 왜냐하면 그림은 우리 자신이 주인이며, 자신이 **화가**이기 때문이다.

부와 인기가 감정적 만족을 전부 가져다주지 않는다. 50년이 지난 후 다시금 자신을 바라본다면, 유일한 것은 즐거움의 감정과 성취의 느낌이 단지 우리에게 주어진다는 사실이다. 우리 주위를 둘러싼 사람들이 우리에게 의미 있는 가치를 제공해준다. 우리를 둘러싸고 있는 주위의 사람들이 우리의 인생에게 가치 있는 사람이다.[90]

---

90 **역자 주** 혼자서 자신의 뛰어난 실력으로 경기에서 승리를 할 수는 있다. 하지만 그 모든 것은 혼자만의 힘으로 이룰 수 있는 것은 없다.

보이지 않는 e스포츠

7

감각(sensing)

감각(sensing)

현재의 조건

우리의 감각이나 사고의 작동은 순간의 상황이나 주위 환경에 초점을 맞추고 있을 때 우리는 살아있음을 안다.

놀랍게도 사람들은 현재 집중하는 마음의 상태를 거의 유지하지 못한다. 우리는 깨어나자마자 우리의 마음은 일상적인 것에 대해 생각한다. 그리고 즉시 우리의 머리에서 다른 어떤 것을 생각한다. 밤에 침대에 누워 자신의 몸을 잠자게 두지 않고, 낮에 동료와 함께 많은 모순점을 해결할 수 있을 것이라 생각한다. 평일에는 주말 동안 계획하였던 자전거 타기를 상상하지만, 우리가 자전거를 타는 동안에는 자신의 일에 대해 생각하기 시작한다 ⑮.[91]

---

91 **역자 주** 우리의 마음은 항상 쉬지 않고 생각을 만들어낸다. 자신이 생각을 멈추려고 하더라도 멈출 수 없다. 이러한 현상을 세친(世親)의 '유식30십송(唯識三十頌)'에서는 마음의 속성을 폭포수에 물이 흘러내리듯이 마음은 항상 끊임없이 샘솟아 작동하는 것으로 설명한다(恒轉如瀑流).

만약 우리가 과거나 미래의 환상 속에서 살아간다면 우리는 현재를 잃을 경우가 크다.

우리가 현재에 있다는 사실을 어떻게 아는가?

우리가 현재를 경험할 때 우리의 감각은 완전히 환경과 연관된다. 우리 머리에 사고나 감정이 형성한다면 우리는 사고나 감정이 작동하기 이전에 알아차린다. 예컨대 거리를 걸어가면 공기를 마시고, 주위의 사람들과 교통상황을 보고, 자신의 발걸음의 리듬과 발의 마찰을 느낀다. 갑자기 하나의 생각이 나타날 때 그 순간에 생각한 내용은 물결과 같이 부드럽게 씻겨나가고 지나가게 된다. 실제로 해본다면 거의 모든 행위의 경험이 이와 같이 진행된다.[92]

그러나 필요한 전문기술을 습득하기 위한 가장 이상적인 방법은 조용히 앉아 감각 하나하나, 즉 보고, 듣고, 냄새를 맡보며, 느끼고, 사고하는 것을 추적하는 것이다. 이것은 불교의 명상인 비파사나(Vipassana)이다.[93]

---

92 **역자 주** 생리학적 관점에서 감각은 환경이나 세상에서 얻은 정보를 뇌가 이해할 수 있도록 전기신호의 변화에서 나온다. 하지만 보고, 듣고, 맛보고, 냄새 맡고, 촉감에서 느끼는 감각의 내용은 우리의 시각, 청각, 후각, 미각, 촉각의 인식능력과 그것을 파악할 수 있는 색깔, 소리, 향기, 맛, 감촉의 대상 간의 만남에서 이루어진다. 감각은 인식을 하는 생리적 기관과 감각의 내용을 파악하기 위한 감각대상 간의 만남에서 이루어진다. 따라서 감각의 내용은 주관과 객관으로 구분하여 일어나지 않는다. 하지만 저자는 이러한 감각의 본질을 마음을 평정하여 자신의 감각의 내용 파악을 주장한다. 이는 의식의 개입이 자신의 행동반응을 늦게 만든다는 사실이다. e스포츠는 즉각적인 반응이 중요하다. 의식의 개입으로 더 많이 생각한다면 그만큼 행동이 늦게 될 수밖에 없다는 것이다. 이에 따라 명상이 e스포츠 선수들에게 중요한 요소로 작동하고 있음을 보여준다.

93 **역자 주** 비파사나란 자신에게 일어나는 여러 가지 현상을 관찰하는 것을 말한

실천적인 방법으로 현재에 충실해서 우리가 경기를 진행한다면 우리는 모든 사건을 명확하게 기록할 수 있고 적의 의도를 파악할 수 있을 것이다. 시간은 천천히 흘러감을 느낀다. 마치 우리가 조정하는 캐릭터의 움직임이 느린 동작으로 전환된다. 또한 감정에 따른 실패의 두려움이나 상대에 대한 증오의 감정도 사라지게 된다. 우리는 과거와 미래를 생각할 필요가 없다. 우리가 선택한 캐릭터를 볼 수 있으며, 팀 동료와 소통을 명확하게 이해가 가능하다. 자신의 손 움직임을 명확하게 느낄 수 있다. 그리고 갑작스럽게 커다란 연막이 우리 주위의 세계로부터 떨어져나간다.[94]

다. 한자로 관(觀)을 의미한다. 우리 몸에서 일어나는 구체적인 오감뿐만 아니라 호흡에도 적용이 가능하다. 숨을 들이마실 때 자신이 숨을 들이마신다는 것을 알아차리고 반면에 숨을 내쉴 때 자신이 숨을 내쉬고 있을 알아차리는 것도 비파사나이다. 반면에 마음의 평정을 유지하여, 무심의 상태에 이르는 것을 지(止, Samatha)라 한다. 불교에서 이 둘을 합쳐 지관(止觀)이라 한다.

94 **역자 주** 지금 이 순간에 초점을 맞춘다는 사실은 불교에서는 오직 할 뿐으로 설명이 가능하다. 덧붙인 생각 없이 있는 그대로 파악하고 움직이면 경기에서 승리는 자연스럽게 다가온다. 하지만 있는 그대로 보면 문제가 없는데 우리의 마음은 그렇게 작동하지 않는다는 것이다. 검도에서는 상대의 움직임에 흔들리는 마음을 4병으로 설명한다. 경구의혹(驚懼疑惑)이다. 놀람(驚)은 상대의 움직임에 놀라지 말고, 두려움(懼)은 자신의 자연스러운 움직임을 방해한다. 의심(疑)은 상대의 움직임을 의심하는 것이다. 현혹(惑)은 당황하거나 상대의 움직임에 현혹되지 말아야 한다. e스포츠와 마찬가지로 검도도 짧은 시간에 승부가 결정나기 때문에 생각의 개입은 패배로 연결된다. 따라서 부동심 태도로 경기에 임해야 한다. 이는 e스포츠 선수들에게도 마찬가지다. 개인적으로 검도와 e스포츠가 같은 점은 다음과 같다. e스포츠 선수는 키보드의 방패와 마우스의 칼로 전장에 참여하는 무사이다. 이를 위해서 그들은 1. 여기 지금에 집중해야 한다. 2. 기회를 기다릴 줄 알아야 한다. 3. 기본기가 중요하다. 4. 나 자신과의 싸움이다. 5. 도구를 사용한다. 6. 마음을 비워야 승리가 가능하다. 7. 보이지 않는 적의 움직임을 예측하고 미리 움직여야 한다. 8. 흔들리지 않는 평상심이 필요하다. 9. 머리가 아니라 몸이 먼저 움직여야 한다. 10. 승부를 넘어 경기를 즐겨야 한다. 10. 인성(人性)이 중요하다.

그러한 마음의 상태에서 경기를 진행하는 것은 몸과 마음에 긍정적인 영향력을 미친다. 일상적인 걱정과 흥분과 같은 스트레스의 결핍은 반응시간을 축소시켜 준다. 그리고 신체는 더 피곤하게 된다. [95]

현재에 있지 못하게 방해하는 요소는 무엇인가?

보통의 시간에 수천 가지의 사고가 우리의 마음에 나타난다. 외적 자아는 조용한 상황에서는 작동하지 않는다.

---

95 **역자 주** 의식적으로 생각하기 위해 뇌의 작동을 위해서는 에너지를 사용한다. 하지만 많은 생각은 뇌의 피로도 이어지고 이는 신체적 피로와 연결된다. 뇌는 인간이 사용하는 에너지 중 약 20%를 사용하지만, 뇌 스스로 에너지를 만들어 내지 못한다는 사실이다. 따라서 부동심의 태도는 경기에서의 반응시간을 축소시킬 수밖에 없다.

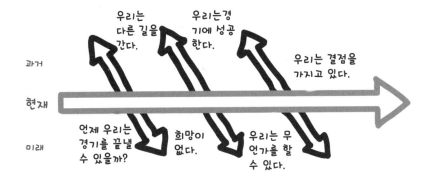

하지만 우리는 일반적으로 침묵과 집중의 환경을 유지하기란 쉽지 않다. 심지어 우리가 무언가를 할 때 우리의 마음은 과거나 미래의 모든 방향에 움직이기 시작한다.

아이들은 다르다. 그들은 놀이할 때 그들의 세계에 동화된다. 그들은 성(castle)을 상상한다면 그 속에 보인 성(castle)의 모든 특징이나 성격을 완전하게 만들거나 충분히 꾸민다.

아이들의 마음에서 본다면 심지어 우리가 알고 있는 것도 순수한 환상이라고 하는 것도 사실로 생각한다.

현재에 있다는 사실은 완전히 우리가 하는 것을 의식한다. 많은 사람들은 명상, 짧은 잠, 휴식 등을 현재의 기분을 되살리기 위한 운동으로 생각한다. 아이들은 자신의 성을 쌓는 동안 완전히 몰입하다. 그들은 완전한 몰입의 상태에서 창조의 과정을 형성한다. 이러한 상황을 칙센트미하이(Csikszentmihalyi, 1991)는 몰입(flow)

이라고 한다.[96]

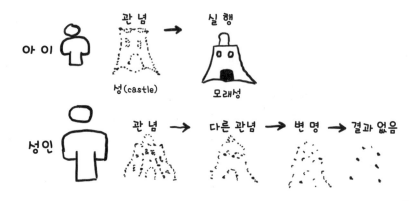

지금 이 순간으로 돌아가기

무언가를 생각하는 것에서 아무것도 생각하지 않는다는 것은

---

96 **역자 주** 몰입은 내가 어떻게 했는지에 대해 알지 못하는 물아일체(物我一體)이
다. 창의성은 대상과 내가 하나가 되는 상태에서 나온다. 경기에서 창의적인 기
술은 그 상황에 자연스러운 몰입에서 나온다. 물론 거기에도 의식하는 의식기
제는 작동을 한다. 단지 내가 의식적으로 생각하지 않는다. 자연스러운 자신의
움직임은 가장 강력한 힘을 발휘한다. 뇌와 관련된 몰입은 이성적 판단을 하는
전전두피질(prefrontal cortex)과 감정과 관련된 편도체의 활성화와 관련된다.
몰입의 경험은 자의식과 타인에 대한 인식이 사라지고, 긍정적 감정을 유도하
고, 무의식적으로 문제를 해결한다(제효영 역, 2019: 37-38). 몰입은 아무렇게
작동되지 않는다. 몰입은 선행단계가 존재한다. 첫째, 명확한 목표, 둘째, 그것
을 해결할 수 있는 능력과 기술이 구비되어 있어야 한다. 셋째, 자신의 목표해
결과정의 요구에 정확한 피드백을 할 수 있는 조건이 구비되어야 한다. 이를 통
해 힘들지 않고 주의 집중이 가능하고, 행동과 완전히 하나가 된 기분이 들고,
대상을 통제 가능하고, 더 나아가 대상과 일치되어 시간의 흐름이나 자신의 존
재를 잊는 경험을 한다. 결국 몰입을 경험하면 할수록 자신의 일을 더 사랑하게
된다(제효영 역, 2019: 55-83).

보이지 않는 e스포츠

불가능하다. 그리고 사실 짧은 몇 초에 사고의 자유로움을 갖기란
쉽지 않다.

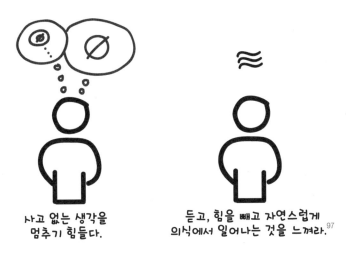

사고 없는 생각을
멈추기 힘들다.

듣고, 힘을 빼고 자연스럽게
의식에서 일어나는 것을 느껴라.[97]

    명상 대신에 5분의 휴식이나 찬물로 머리를 씻어 현재에 되돌
아 갈수 있는 방법도 존재한다.

    우선 우리는 조용한 장소에 앉는다. 헤드셋을 쓰고 조용한 음악
으로 이완된 분위기를 만든다.

    천천히 심호흡을 하자. 우리는 정신적으로 심장이 오르고 내려
옴을 이해한다. 그런 다음 손등과 손바닥을 검토해 보자. 천천히
주위를 흘끗 보자. 직접적인 환경의 관찰은 다음으로 하자. 우리

---

97 **역자 주** 이 그림은 사고, 즉 의식의 특징을 설명하고 있다. 윌리엄 제임스
    (William James)에 따르면 의식은 하나의 실체가 아니라 흐름의 과정으로 설명
    한다(정양은 역, 2005: 409). 사고의 흐름은 수명이 다하는 데까지 중지되지 않
    는다. 그러나 여기에서 언급하는 몰입의 단계를 들어가기 위해서는 지금 생각이
    나면 나는 대로 그대로 내버려두면 창의성이 발현된다.

주위를 둘러싸고 있는 대상은 무엇인가? 그들의 색깔과 물질은 무엇인가? 중요하고 주목받게 만드는 구체적인 것은 무엇인가? 서두르지 않고 이 모든 것을 느껴보자.

경기 시작에 우리는 긴장을 더 느끼게 된다. 물론 일정한 긴장은 우리가 경기를 더욱더 집중이 가능하게 하고, 수준 높은 경기에 자신의 기량을 발휘하는 데 도움이 된다. 우리는 의식적으로 긴장된 마음의 상태를 알아차리고, 그것이 자신의 마음과 몸에 어떠한 영향력을 미치는지 관찰해야 한다. 이러한 감정들의 파악은 우리를 도와주는 친구로서 환영해야 한다.

호흡을 함으로써 편안해지고 가벼운 기분을 느낀다. 그 다음 옆에 있는 사람을 관찰한다. 그들의 행동과 그들의 얼굴 표정을 읽는다.

아이의 눈으로 주위의 세계를 보자. 마치 처음으로 보는 것처럼 보자. 이는 우리의 마음이 선입감 없이 대상을 볼 수 있게 만든다.

모든 범위의 경험

경기가 시작되기 이전에 많은 팀은 "집중을 하자"라고 한다. 문제는 무엇을 집중한다는 것인가?

집중의 대상이 우리가 경기에서 사용하는 자신의 캐릭터인가? 아니면 경기 진행인가, 또는 적인가? 경기를 진행하는 과정에 많은 정보가 존재한다. 하지만 그 모든 내용을 다 파악하기 어렵다. 따라서 집중하는 최고의 방법은 무엇인가?

대부분의 팀은 자기 자신의 임무 집중에서 시작하고, 외적 사건을 차단함으로써 집중이 어려운 문제를 해결할 수 있다고 생각한다. 스트레스 상황에서 이러한 전략은 논리적인 단계로 보인다. 왜냐하면 실수의 기회를 줄이기 때문이다. [98]

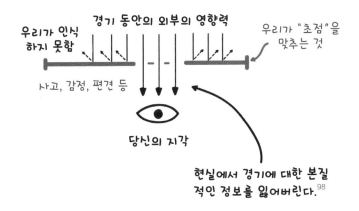

하지만 경험은 한곳에 맞춘 집중의 행동은 본질적인 정보 파악을 어렵게 하고, 편견을 가진 집중을 만들어낸다.

하버드 대학의 심리연구팀은 우리의 뇌가 특정 상황에 초점의 임무를 부여하면 명확하게 보이는 것도 선택적으로 선택하여 잘 보지 못하는 경우도 발생한다고 했다(Most, S. B., Simons, D. J., Scholl, B. J., & Chabris, C. F. (2000).

98　**역자 주** 자신의 지각이 대상에 대해 한정된 초점을 작동하면 현실에서 보여준 사실을 정확하게 파악하지 못한다. 바둑을 하는 사람보다 경기를 옆에서 보는 사람이 경기운행에 대해 더 많은 수를 갖는 경우가 있다. 이는 바둑경기 시 승부의 집중과 승부의 초월하는 관점의 차이에서 나온다.

이 실험에서 실험자는 비디오에서 보이는 사람들이 볼을 던지고 받고 하는 행위에서 공을 몇 번 전달하는지 횟수를 질문하였다. 비디오가 끝나고 공의 토스가 정확하게 몇 번 전달하는지를 설명하였다. 하지만 실험자들은 비디오에 보이는 특별한 것을 알아차리지 못하였다. 공을 패스하는 과정에 고릴라 복장을 한 사람이 있음을 알아차리지 못하였다는 사실이다. 이 실험은 특정한 것에 집중하게 되면 다른 것을 볼 수 없다는 것이다. 이는 뇌가 완전하게 외부적인 사건에 차단당할 수 있을 보여준다.[99]

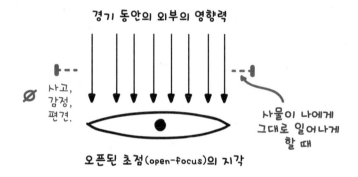

그러므로 경기가 시작되는 동안 가장 폭넓게 대상의 정도를 인식하는 것이 중요하다. 그럼에도 불구하고 우리의 관심을 한곳에서 다른 곳으로 빠르게 이동해서는 안 된다. 이것은 경기가 시작되기 전에 피로감을 갖게 된다. 대신에 많은 자극이 우리의 감각에 도달하기 위해 우리의 의식은 서로 동시에 있는 그대로 받아들여야 한다.

---

99 역자 주 이 이론은 보이지 않는 고릴라 이론으로 유명하다(김명철 역, 2017).

우리는 경기 진행과 다른 플레이어 상태를 보는 동안 경기에서 조용함을 유지해야 한다. 아이들은 편견 없이 사물을 바라본다. 그러나 성인으로 성장되어감에 따라 편견과 내적 독백은 사실상 어떤 주관과 사람, 상황에 따라 상대의 이름을 부여한다.

게다가 많은 다른 것들이 우리의 관심을 돌리게 만든다. 경기에서 우리의 팀 구성원들의 실수와 점수의 변동이 우리의 생각에 파동을 일으킨다. 선수가 마음이 산란하면 경기의 진행 과정을 잊어버린다. 심지어 좁게 초점을 맞춘 집중조차도 나타나지 않는다.

우리는 진행 과정에 대해 의식적으로 집중을 해서는 안 된다. 우리는 재미있는 연속극을 보기 위해 TV를 켜지만 다른 재미있는 것에 정신이 팔리는 경우도 존재한다. 이러한 사실을 파악하고 원래 연속극을 보고자 다시 채널을 돌릴 때 이미 그 내용은 끝나고 되돌릴 수 없다. 다른 시간에 그것을 다시 본다고 하더라도 우리는 벌써 그 스토리를 알고 특정한 내용을 기억한다.

우리가 경기를 진행하는 과정에 우리의 관심을 분산하고자 할 때 우리는 경기에서 일어난 것을 알기 위해서는 똑같은 호기심이 발동해야 한다. 그러한 **호기심의 필요와 편안한 마음의 상태**가 필요한 정보를 받아들일 수 있음을 확신한다. 그러한 지식의 많은 부분은 자신의 하부의식에 저장된다.

우리 마음의 두 가지 단계인, 즉 의식과 하부의식은 많은 정보의 양을 함께 처리한다. 우리의 마음은 각자 하나만이 작동하거나 둘 다 작동하지 않을 수 있다.[100]

---

100 **역자 주** 여기에서 하부의식은 무의식과 다르지 않다. 우리의 행동은 95%는 의식하지 않고 행동한다. 5%만이 의도적으로 의식하고 행동한다. 밥 먹을 때나 걸어갈 때 우리가 의식하지 않고 행동한다. 단지 무언가를 생각하고 행동해야

게임에서 결정의 형성과 스키마

앞서 주장해왔던 것을 근거로 받아들인 모든 정보는 의식과 하부의식의 단계에서 효과적으로 작동된다. 심도 깊은 생각 이후의 활동을 제외하고 우리는 무의식적이고 본능적인 결정을 믿고 행동한다.

그럼에도 불구하고 의도적인 선택과 본능적인 선택은 상호 모순이 된다. 외적 자아는 질문을 던지며 하부의식의 현명함을 무시한다. 가장 패배적인 질문은 일반적으로 자기-의심이라고 불리는 것이다.

게임이나 인생의 삶에서 중요한 **본능은 우리의 하부의식에 의한 결정이다 ⑯.** 그들은 주어진 상황의 대응에 지체 없이 나타난다. 심사숙고는 시간이 필요하고 비판적인 상황에서 가장 중요한 순간에는 **직관이 중요한 역할을 담당한다.**

우리는 매번 주어진 가이드라인에 정해진 길을 따르거나 팀 동료로부터 인지된 내용에 따른다. 상황 X에서는 나는 Y를 할 것이며, 이렇게 하는 것은 자연스러운 우리의 선택 기회를 빼앗아 간다. 미리 결정된 과정이기 때문에 직관이 개입될 여지가 없다. 이러한 핸디캡은 플레이어로 하여금 어떤 대가를 희생해서 피해야할 상황에는 도움이 되지 못한다.[101]

할 때 신중하게 생각하여 행동에 개입한다. 마음이라는 것은 의식하지 않는다고 의식이 작동하지 않는 것은 아니다. 물론 의식과 무의식도 자신에 축적된 경험에 근거하여 작동한다.

101 **역자 주** 계획된 작전이나 전략이 상대방에게 맞으면 아무런 문제가 발생하지

보이지 않는 e스포츠

스키마(Scheme)

경기를 진행하는 동안 개인이나 팀은 몇 가지 심사숙고한 결정을 내려야 할 때가 있다. 그 결정은 경기 흐름을 바꾸거나 새로운 돌파구를 만드는 데 필요하다.

프로선수들은 의식적으로 다른 많은 생각을 만들지 않는다. 그들에게 모든 상황은 자신이 취할 수 있는 두 가지 선택권을 제공한다.

매우 적은 경우지만 선수들은 경기를 준비하는 동안 주어진 상황에서 어떻게 해야 하는지의 가능성 검토에 많은 시간을 보낸다. 이러한 연습은 선택적 제거로써 가장 적절한 방법이 적용될 수 있도록 연습해야 한다.

또 다른 방법은 캐릭터의 반응에 대한 다른 스키마를 작동시킨다. 예컨대 탈출의 길을 선택하거나 유용한 기술을 지속적으로 유지해나가는 방법을 생각한다. 이러한 경험의 법칙은 다양한 상황에 복잡한 대응을 하는 데 도움이 된다.

체스 게임에서 프로선수들은 게임의 말이 움직이는 선택을 분석할 수 있고, 비록 수천이 아니더라도 수백의 선택의 수를 배운다. 다양한 선택지의 조합은 게임의 말을 서로 작동시켜 최고의 움직임으로 나타나게 된다. 체스의 프로세계에서는 헝가리 태생의 물리학자 아르파드 엘로(Arpad Elo)의 이름을 타서 엘로 스코어가 존재한다. 평균적인 프로선수들의 점수는 2000점이다. 매우 뛰어난 선수들은 2200점이다. 흥미로운 것은 엘로 점수가 조합된 지식의 합이라는 사

않는다. 하지만 경기에서 상대가 그렇게 나온다는 보장은 없다. 작전도 전략도 중요하지만 그 작전이나 전략에 너무 집착하는 것도 문제가 있다.

실이다. 초보자는 열 번의 조합으로 1200-1400점을 획득하고 백 번의 경기로 1600-1800점을 획득한다. 천 번이 넘는 경기는 프로의 영역에 들어간다.[102]

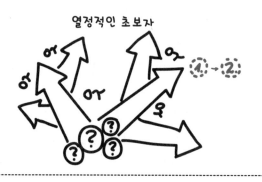

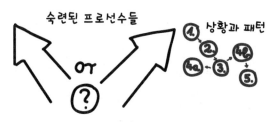

이와 같은 방법으로 e스포츠 경기를 진행함으로써 자동적으로

---

102 **역자 주** 체스와 같은 1:1 대결에서 선수들 간의 상대적인 실력을 계산하는 방법인 엘로 레이팅(Elo rating)의 가장 큰 문제점은 바로 레이팅 인플레이션 현상이다. 이는 세계관에서 손가락 안에 꼽히는 실력자들 사이에서 발생하는 문제다. 2000-3000 이상의 점수를 가진 사람들은 게임을 많이 하면 할수록 점수가 급증한다. 실력이 좋은 사람의 경우 어찌 되었든 이길 확률이 상당히 높기 때문에 경기 수에 비례하여 높은 점수를 받을 수 있게 된다. 따라서 엘로 레이팅의 경우 동시대에 활동한 사람들 간의 점수 비교는 가능하지만, 역대 최고의 선수를 가리는 데는 부적합한 지표다.

보이지 않는 e스포츠

선수들의 기억에 경기 내용이 축적된다. 선수들이 같은 상황을 많이 만나면 만날수록 일련의 복잡한 상황에 더 잘 대처 가능하다. 이러한 확고한 대응은 경기가 진행되기 이전에 선결정의 조건을 발전시킨다. 기억에 축적되어야 실전경기에서 바로 작동이 가능하다. 이는 키보드에서 중요한 입력의 작동과 변화시키는 것과 다르지 않다. 새로운 작전 구상은 많은 선택지가 가능하지만 자신이 익숙해지는 데 시간이 필요하다.

생각을 조합하는 사고의 장점은 사소한 결정을 만드는 요소를 제거한다. 예컨대 반격할 수 있는 2초밖에 없다면 이전에 배웠던 기술이 나올 수밖에 없다. 의식적으로 선택하여 작동시키기 위해서는 더 많은 시간이 필요하기 때문이다.

적보다 앞선 움직임

축구 연구자는 다음과 같이 분석하였다. 골잡이는 수비수에게 볼이 전달되는 공을 빼앗을 때 집중한다. 흥미로운 결과는 공격수는 볼을 잘 보지 않고 수비수의 다리나 낮은 복부를 본다는 사실이다. 그들은 상대편의 마음을 읽고, 미리 그들의 움직임에 앞서 공을 빼앗으려는 행동을 한다(McDowall, 2011).

e스포츠에서 적의 움직임과 다음 단계로의 움직임을 파악하는 것은 중요하다.[103] 프로팀은 경험이 없는 팀과 경기를 하면 편하다. 더 나은 기술을 발휘할 수 있으며, 적의 팀의 경기력을 무력화

---

103 **역자 주** e스포츠 경기에 뛰어난 선수는 패턴을 얼마나 빨리 파악하느냐에 달렸다(김태우, 2018).

할 수 있다. 프로팀은 오픈 북과 같이 아마추어의 움직임을 파악한다. 비록 전에 만나지 않았다 하더라도 경험이 있는 팀은 독특한 경기 조합과 화려한 해결 방법을 제시해서 상대를 요리한다.

두려움 대신에 희망

경기를 시작하기 전에 두 가지 형태의 팀이 존재한다. 하나는 희망과 기대로 가득한 팀이고, 다른 팀은 두려움에 압도된 팀이다.

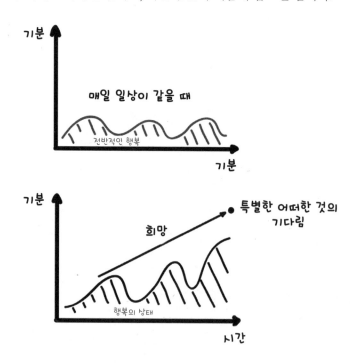

흥분과 조바심은 경기에서 보이는 일상적인 감정이다. 경기에

서 보이는 경쟁하는 팀은 관객들의 손을 뻗어 접촉할 수 있을 만큼 가까이 있다. 경쟁하는 두 팀은 승리라는 같은 목표를 갖고 있지만 보이지 않는 다른 감정을 갖고 있다. 그래서 경기의 결과는 다르게 나타난다.

두 팀은 실수를 할 수 있고 모든 실수는 상대에게 기회로 작동한다. 실패를 두려워하는 팀은 다른 팀의 어려움을 발견하고도 공격을 주저할지 모른다. 긍정적인 관점을 갖춘 팀은 적이 준 기회를 놓치지 않고 상대와의 경기 차이를 벌린다.

긍정적인 결과를 기대하며 희망을 갖고 경쟁에 참여하면 기회는 항상 온다. 우리는 정신적으로 거기에서 나오는 이익을 거둬들일 준비가 되어 있어야 한다.

단순성

e스포츠에서 최고의 친구는 잘 준비되고 잘 훈련된 움직임을 보여주는 것이다. 여기에서 e스포츠 선수들은 눈을 감고서도 자신의 움직임을 끄집어 낼 수 있는 전체적인 조망을 갖고 있다.

매우 복잡한 전술과 조합은 팀의 효율성을 떨어뜨린다. 왜냐하면 더 많이 생각해야 함은 생각의 전달의 질을 떨어뜨린다. 명료한 실행은 단순성과 풍부한 연습이 필요하다.[104]

단순한 실행 조합은 쉽게 이해되고 의식하지 않고 공격과 방어

---

104 **역자 주** 검도의 공격 성공은 단순하다. 머리, 손목, 허리, 찌름이다. 역자는 경기에서 많은 공격과 수비를 어떻게 해야 하는지를 생각하지 않는다. 상대가 들어오는 순간이나 물러가는 순간에 공격을 하고 공격거리가 이루어지면 과감하게 공격할 뿐이다.

가 가능하다고 생각한다. 상대가 우리의 대응을 생각하고, 빠르게 대응하고자 한다면, 그것을 이미 늦다. 빠른 대응은 철저한 연습이 전제로 되어야만 대응전략이 나타난다. 만약 상대가 생각해야 한다면 그들은 행동할 수 있는 시간을 갖지 못한다.

우세하게 경기를 진행하는 팀은 단순하고 실천적인 작전을 이용한다. 초보자는 어떻게 하는지를 안다고 할지라도 즉각적으로 대응할 충분한 준비가 되지 않았다.

최고의 복싱 선수들은 잽과 가벼운 발의 움직임 등 확실한 공격 조합을 가지고 있다. 무엇보다도 상대의 선수들도 링에 오르기 전에 상대 선수들의 작전을 배우고자 한다. 모든 사람들은 그들 나름의 해야 할 숙제를 해야 한다. 하지만 경기 진행의 중심에서는 주먹이 교차되고 숨이 막히기 시작한다. 자신이 생각해왔던 모든 계획이 비껴갈 수 있는 상황이 발생한다. 녹다운 상황에 링에 눕고 싶다는 생각만이 들지 모른다.

작은 표시와 일치

경기의 경험과정에 "오직 …하기만 한다면"(if only)라는 말을 얼마나 했는가? e스포츠에서 냉정한 사실은 거기에서 우리는 최선을 다해야 한다. 승리하는 팀은 우연한 일도 자신의 편에서 작동한다고 확신한다는 점이다. 명확하게 설명하기 어렵지만 궁극적인 승리로 가는 팀은 모든 것을 서로 발맞추어 나아간다.

문제는 어떻게 행운의 여신을 우리의 편으로 만들 수 있는가? 그리고 과연 그것이 가능한가이다.

보이지 않는 e스포츠

e스포츠에서 선택하는 목표는 우리의 영향력 밖에 있다는 사실을 기억해야 한다. 그래서 우리는 목표에 도달하기 위해 외적 도움이 필요하다. 상대도 그것을 도울 수 있는 보조적인 역할로서 필요하다.

경기를 진행하는 도중이나 경기 사이에 일어나는 작은 징후에 관심을 갖다 보면 행운을 실현할 수 있다. 외형적으로 중요하지 않는 징후를 잡을 수 있다면 그것은 자신이 선택할 방향키의 하나로 선택해야 한다. 우리가 발견할 수 있는 우발적인 사건이 많으면 많을수록 주어진 상황에 대한 통제의 기회를 가질 수 있다. 사실상 우리는 중요한 결정할 수 있는 능력을 충분히 가지고 있으며, 우리에게 주어진 길을 따라가야 한다.

그러나 행운의 일치라는 승리의 장점만 갖는다면 준비를 하는 것은 성가신 일이 될 수 있는 것이 아닌가? 준비의 중요성은 오랜 기간 많은 경험과 경기를 진행하는 동안 풀어가는 능력에 달렸다. 그것이 성공을 보장해준다. 이러한 생각을 하지 않으면 결국 무언가를 성취하기란 쉽지 않다. 준비는 팀의 자신감을 키우는 기본이다. "행운은 준비된 사람을 선호한다"는 격언과 다르지 않다.

8

~~~~~~~~~~~~~~~~~~~~~~~~~~~~~~~~~~

감정

8

감정

우리는 다양한 느낌을 갖는다. 그 느낌들은 e스포츠 선수들에게 정형적으로 나타난다.

- 분노와 화
- 실망
- 좌절
- 두려움
- 체념과 굴복
- 즐거움
- 만족
- 자기 확신
- 결심
- 행복
- 희망

위의 느낌들은 어느 정도 강력하고, 우리가 논리적 사고를 하는 것을 방해한다. 따라서 내면적인 사고의 훈련이 필요하다.

만약 느낌이 우리를 지배한다면 우리는 갑작스럽게 마우스에 죽음의 그립을 잡거나 우리의 몸이 얼어붙음으로써 자신의 몸이 경직된다.

이러한 현상은 감정에 압도되는 것으로 설명된다. 감정은 자신이 느끼는 것이기 때문에 기술적인 용어이다. 긍정적이거나 부정적인 것과 상관없이 우리가 느끼는 감정은 사실상 우리 자신의 감정에 항복하게 된다.

느낌은 어디에서 오는가?

감정[105]은 우리 자신의 사고에서 나타나거나 또는 외적인 사건에 대한 반응으로 나타난다. 어떻게 작동하는지는 그것을 경험하는 개인에 따라 다르다.

경기에서 패배나 실수는 분노, 화, 두려움, 체념 같은 감정이 생기게 한다. 생리적으로 우리 뇌의 작은 부분인 편도체(amygdala)에서 가상의 적에 대응하기 위해 몸이 준비하는 과정에서 특정한 충동이 발생한다. 뇌 대신 근육의 움직임을 위해서는 근육에 녹아 있

---

105 **역자 주** 심리학적으로 감정(emotion)의 형성은 4가지로 설명한다. 예를 들어 곰을 보고 두려운 감정이 생길 때 그 과정은 4가지로 설명이 가능하다. 첫째, 곰을 보고 심장이 뛰니 두려움의 감정이 만들어진다(제임스-랑게이론). 둘째, 곰을 보니 두려움의 각성이 일어나고 심장을 뛰게 한다(캐논-버드이론 이론). 셋째, 곰을 볼 때 두려움의 인지와 심장이 동시에 작동할 때 감정이 나온다(샤흐트-싱어이론). 넷째, 곰을 보고 각성하고 그것이 무엇인지를 인지적으로 평가(appraisal)한 후 두려움이나 심장이 뛴다(라자루스의 인지평가이론). 어느 것이 타당한 감정의 원인인지는 아직 논란의 여지가 있다. 개인적으로 감정은 자극에 대해 내가 감당할 수 있느냐와 없느냐에 따라 즐거움과 화의 감정으로 나타난다고 생각한다.

는 산소를 전환시켜 작동하게 한다. 아이러닉하게도 e스포츠에서는 뇌가 문제를 풀기 위해서는 특히 더 많은 산소가 필요하다.[106]

감정이 위협을 받을 때에 우리는 화를 낸다. 우리가 화를 내는 대부분의 시간에는 **창의력과 논리적 사고의 작동을 하는 데 방해가 된다.** 그리고 관객들에게 그들의 행동은 비이성적으로 보인다.

우리 감정이나 경험의 깊은 내면은 원래 가정교육에 기원을 둔다. 우리는 부모로부터 특정 상황에 대해 어떻게 대응할지를 배운다. 아이들은 부모의 신경과민과 그것이 나왔던 환경을 기억한다. 그리고 부모가 그 상황에서 어떻게 행동했는지도 기억해 낸다.

우리가 성인이 되어서 결과와 분리된 원인이 있음을 알게 된다. 서투름이 우리를 미치게 만들 수 있고, 희망 없음에 좌절하게 된다. 그리고 원인의 부재가 우리를 슬프게도 만든다고 생각한다.

하지만 이러한 감정의 원인들이 무엇인지 의식적으로 설명할 수는 없다. 우리는 단지 우리 자신에게 이러한 감정이 일어난다고 말을 할 수 있다. 우리는 많은 경우에 성인이 되었음에도 불구하고 어린애 같은 행동을 배워옴으로써 어린애 같이 행동한다. 과거에 일어났던 사건을 성인이 되어 재평가할 수 있는 기회를 다시금 갖는다면 아주 다르게 행동할 것이다.

e스포츠에서 분노하고 경기의 패배 이후에 따른 슬픔은 우리가 졌다는 사실에서 나오지 않는다. 슬픔과 분노의 뿌리는 이전의 경험에 기인한다. 예컨대 우리가 어릴 때 성적을 받아 부모에게 보여줄 때 나쁜 점수로 비난받거나 친구들의 조롱을 받은 경험에

---

106 **역자 주** 뇌는 인간의 몸무게의 약 2-3%에 지나지 않는다. 하지만 인간이 갖고 있는 에너지의 20% 넘게 사용한다. 뇌는 스스로 에너지를 만들어내지 못해 다른 곳에서 에너지를 끌어 사용하는 이기적 존재이다.

기인한다.[107]

우리의 감정을 이해할 수 있는 최고의 방법은 일어나는 사건에 어떻게 대응하느냐와 우리 자신에게 어떠한 질문을 하느냐에 달렸다. 이렇게 내가 대응하는 이것이 최선의 방법인가? 사람들이 화가 날 때 분노의 분출을 주장하는 사람은 누구인지 질문을 던져야 한다. 많은 감정을 인지하고 그것이 누구인지를 직면해서 파악하는 것이 무엇보다도 중요하다.

감정의 주인은 누구인가?

느낌이 나에게 일어났을 때 우리는 무의식적으로 외형적으로 원인을 가져다준 사람, 장소, 대상, 사건을 생각한다. 위험한 것은 그러한 전제하에 나타난 것이 자동적으로 저장된 비난으로 드러난다는 점이다.

긍정적이고 부정적인 느낌은 기계적으로 작동한다. 그리고 의식적으로 생각하지 않더라도 우리는 **긍정적인 감정을 가진 사람들을 더 선호한다.**

실제로 **우리의 감정은 완전히 우리 자신의 창조물이며, 감정을 가져다주는 것과 감정을 표현하는 사람들과는 독립적이다 ⑰**.

긍정적인 감정의 느낌은 언어를 통해 우리 자신의 개성을 표현함으로써 가능하다. 그러나 부정적인 감정은 더욱더 오래 간다. 어린이들이 배웠던 부정적인 표현의 감정이 오래 동안 지속됨을 우리는 잘 안다. 다른 사람을 설명하는 방식이 사람들과의 관계를

---

107 **역자 주** 슬픔과 분노의 경험이 없다면 우리는 근본적으로 슬픔과 분노를 설명할 수 없다.

보이지 않는 e스포츠

결정한다.

선수가 바깥세상을 긍정적으로 볼 때 상대는 배울 수 있는 대상으로 생각한다. 그리고 경기 패배에서도 인생의 교훈으로 새긴다. 하지만 많은 선수들은 종종 상대를 무관심하게 바라본다.

상대 팀을 얕보는 표현을 하는 선수가 있다. 그리고 경기패배의 원인이 어디에 있는지 지적하는 선수들이 있다. 하지만 이러한 표현이 다른 사람들로 하여금 많은 관심과 환영을 받을 수도 있을 것이다.

이러한 사실에도 불구하고 결국 팀 구성원들은 긍정적인 태도를 갖춘 선수들에게 서로 강하게 끌리게 된다. 그 속에서 선수들은 누구와도 싸워 이길 수 있다는 긍정적인 생각을 가질 수 있다. 끊임없이 부정적인 생각은 자신의 에너지를 낭비하는 사람들이 자신의 주위에 모이는 것과 다르지 않다.

경험과 감정을 억제하는 방법

감정과 관련해서는 두 가지 형태의 사람들이 존재한다. 어릴 때부터 통제하고 억제하는 방법을 배웠던 사람들과 자기 자신에게 솔직해지는 사람들이다.

우리의 감정을 억제하는 것은 자신에게 단점이 됨에도 불구하고 그렇게 한다. 그것은 나중에 우리의 영혼에 **가시가 된다.** 이러한 느낌들은 처음에는 감정으로 드러나지 않지만, 계속하여 거듭 발생하는 상황에서 표면으로 드러나게 마련이다.

끊임없이 혼란스러운 감정은 물리적 문제를 만들어낸다. 그 속에는 불편함, 고통, 심지어 병까지도 나타난다. 우리는 강하게 무언가에 대해 싸울 때 이러한 감정을 만들어낸다. 사실상 우리는 이러한 사고 자체에서 아픔을 느낀다.

우리의 감정을 이야기하는 것은 중요하다. 앞에서 언급한 감정들을 의식적으로 통제하지 않으면 안 된다. 감정적 통제를 하지 못하는 것은 적절한 결정을 하는 기회를 잃어버리게 한다.

우리가 감정을 끊임없이 표면으로 드러내기를 원한다면 그 감정들을 자연스럽게 표출시켜야 한다. 가장 좋은 비유는 일광욕이다. 일광욕이 몸 전체에 골고루 이루어진다면 큰 상처가 없이 몸이 따뜻해진다. 돋보기로 특정한 감정에 초점을 맞춘다면 목표로 한 특정한 감정의 표면을 태울 것이다.

경기 사이 감정조절

경기 사이 짧은 휴식시간은 기본적으로 필요한 요구사항을 처리할 수 있는 충분한 시간이다. 이 시간에 우리는 마음을 비우고 다음 경기에 집중을 해야 한다. 하지만 격렬한 경기가 진행된다면 마음의 평정을 얻기란 쉽지 않다.

머리에 경기 패배에 대한 분노나 승리 이후의 즐거움으로 가득차 있으면 현재에 집중하기 어렵다. 현재에 집중하지 않는다면 다가오는 다음 경기에 집중하기 어렵다. 다른 감정들에 압도된 상황에서 다음의 라운드에 준비하고 초점을 맞추라고 말하기 힘들기 때문이다.

보이지 않는 e스포츠

'지나간 일이다'라는 종결의 태도와 받아들임의 감각을 갖는 것은 우리가 다음 경기의 감정을 새롭게 하는 데 도움이 되고 필요한 과정이다.

받아들임

사람들은 변화에 열린 마음을 갖기 힘들다. 우리는 익숙한 패턴을 따라가고 그곳에서 편안한 감(感)을 느낀다. 심지어 같은 실수를 반복적으로 한다. 우리가 잘 알고 있는 과정이 일상의 습관에 영향력을 미치기 때문이다. 우리는 자신이 화를 내고 있으며 다르게 무언가를 하고 있는지를 안다. 하지만 우리가 과거에 빠져 있을 때에는 현재의 일을 쉽게 놓치게 된다. 심지어 더이상 존재하지 않는 것에 사로잡히게 된다.

흥미롭게도 경기에서 패배를 당한 선수들은 승리를 한 후에 선수들은 보다 더 늦게 움직인다. 후자는 어두컴컴한 분위기를 벗어나는 시간으로 생각하게 된다.

레저우드와 보이스턴(Ledgerwood & Boydstun, 2014)의 심리적 연구결과에 따르면 사람들은 승리의 상태보다 실패의 상태에 더 많은 시간을 사용한다.

사람들은 부정적인 생각을 바꾸기가 힘들다. 만약 내가 사탕 12개를 가지고 있는 상황에서 다른 사람에게 3개를 준다고 할 때 자신은 매우 관대한 사람이라고 생각한다. 그러나 사탕 12개를 꺼내 책상에 두고 내가 9개를 가지고 간다면 다른 사람들은 나를 매우 인색한 사람이라고 평가할 것이다.

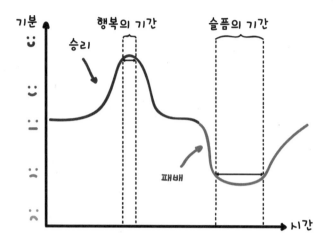

부정적으로 모든 것을 풀 수는 없다. 부정적 태도는 그러한 사고를 하는 사람의 영혼을 갉아먹을 뿐이다.

받아들임은 중요한 인생에서 안정을 가져다준다. 가장 어려운 상황에서 그러한 태도는 적절한 방법이 된다.

슬픔의 단계

퀴블러-로스 모델(Kübler-Rose, 2009)은 e스포츠 경기 패배 이후 나타나는 감정에 적용이 가능하다.[108]

108 역자 주 그는 죽음을 앞둔 사람들과 인터뷰를 하였다. 죽음에 대한 심리학적 묘사는 처음 부정, 분노, 타협, 절망, 수용의 단계로 설명하였다.

보이지 않는 e스포츠

부정: 중요한 경기에 패배한 후 첫 번째 감정은 부인이다. 이 단계에서는 정신적으로 붕괴되어 다른 정보를 허락하지 않는다. 심지어 지속해야 할 중요한 일임에도 말이다.

나는 믿을 수 없다. 이것은 나에게 일어날 수 없다. 그것은 사실이 아니다.

분노: 화가 날 때 내 주위에 있는 모든 것을 멀리한다. 우리 주위에 있는 모든 것과 모든 사람을 비난한다. 그리고 자신의 자아를 상하게 한다.

홀로 있고 싶다. 나는 참을 수 없다.

타협: 타협을 하는 동안 우리는 어떤 종류의 약속이나 거래를 제공함으로써 결과물을 변화시킬 수 있다. 물론 과거가 끝난 것은 아니다.

아마도 내가 훨씬 더 잘할 수 있을 텐데.

절망: 공허함이 지배하고 어떠한 것도 더이상 생각나지 않는다. 불가피함을 받아들이고 우리는 완전히 희망이 없음을 확인한다. 세계는 우리 모두를 가로막고 있으며, 우리는 외로움을 갖는다. 이 단계의 위안은 다른 사람과 다르지 않다. 시간은 흘러가며, 어떠한 말도 자신을 변화시킬 수 없고, 더 빨리 지나가기를 기다릴 뿐이다.

나는 더이상 이 팀의 일원이 될 수 없다.

받아들임과 재생: 전환점은 마침내 마지막 단계를 발견하고 무언가가 나오는 상황에서 극복이 가능하다. 나타난 것은 완벽한 상황이 아니라 새로운 희망을 갖게 만드는 새로운 목표 설정이다. 여기에서 다시 일어나 새로운 길을 찾아야 한다.

우리 다음 경기에 초점을 맞춘다. 패배는 아무것도 아니다.

의식적 받아들임[109]

받아들임은 앞의 단계에서 일어난다. 어떤 사람들에게 그렇게 할 수 있는 많은 시간이 있지만, 다른 사람들에게는 오랜 시간이 필요한 경우도 있다.

경기 패배를 다룰 때 경기 사이의 휴식 시간은 10분도 안 되기 때문에 한 선수에게 모든 책임을 부여해서는 안 된다.

무언가를 일어난 사실을 받아들인다는 사실은 **심사숙고한 결정의 문제이다.** 그때 우리는 그 문제에 대한 통제가 가능한 시간이다 ⑱.

실패는 인간의 것이며, 실패 이후 다시금 일어나는 것도 우리라는 사실을 명심해야 한다. 아이가 넘어지면 고통에 초점을 맞추는 것이 아니라 다른 곳에 관심을 갖도록 우리는 노력해야 한다. 그

---

109 **역자 주** 여기에서 의식적 받아들임은 자신에게 일어난 긍정과 부정을 있는 그대로 인정하는 마음의 자세이다. 하지만 자신의 감정이 개입되지 않은 대상을 실제로 있는 그대로 받아들이기는 쉽지 않다.

들이 새로운 관심을 갖고 있을 때 아이의 울음은 그친다.

경기 패배를 한 후 유사한 전략이 작동되어야 한다. 신중한 생각의 중요성을 명확하게 해야 한다. 냉정하게 무언가의 생각을 시작하거나, 정확하게 무언가을 생각해야 하는 그때 감정적인 대응은 벗어나 있어야 한다.

우선 우리는 감정적인 상태를 받아들여야 한다. 그리고 한발 멀리 떨어져 거의 관전자로서 상황을 파악할 수 있는 여유를 가져야 한다. 우리가 객관성을 유지할 수 있다면 더 좋은 상황에 놓여 있을 수 있다. 중요한 것은 **다른 관점에서** 주어진 상황을 파악하는 것이다. 우리의 사고에 대해 좋은 부모가 되는 것은 우는 아이들에게 대하는 것과 같이 새로운 방안을 제시하는 것이다.

앞에서 외적 자아가 조용해질 때 우리의 감정이 잠잠해진다고 하였다. 그 이후에 우리는 새로운 선택지를 고려해야 한다. 우리에게 무엇이 일어나는 것을 받아들이거나, 자기 연민에로 되돌아갈 수 있다면, 이는 생각의 올바른 선택이다. 우리가 이러한 사실을 받아들인다면 우리의 적에 대해 축하의 말을 건넬 수 있다. 그러나 이때에도 우리는 다음 경기를 생각해야 할 시점이다.

잊지 말자: 중요한 사실은 의식적 받아들임에 있다는 사실이다.

발생할 수 있는 최악의 상태는 우리의 느낌을 억제하고 모든 에너지를 표면으로 폭발하기 이전에 마음의 병 속에 넣어 놓은 것이다.

의식적 받아들임은 화가가 그릴 수 있는 깨끗한 도화지의 상태와 다르지 않다. 도화지에 무언가가 이미 그려져 있다면 미래에 무언가 나타내는 데 영향력을 미치고 있다고 보아야 한다.

감정적 장애는 수년 동안 우리의 심리에 박혀 있는 정신적 장애물이다. 건강하고 적절한 감정을 형성해온 아이들은 그들의 감정에 열린 마음을 가지고 있으며, 좋고 나쁘고 관계없이 그것을 표현하는 데 준비가 되어 있다.

많은 가족들에게 감정의 표현은 허약함의 표현으로 생각되어진다. 이러한 집에서 부모는 다른 사람 앞에서 아이가 우는 것은 부적절하다고 말한다. 그것은 그들로 하여금 미래에 보이지 않는 감정적 장애물을 만들게 된다.

심리적 억압은 후에 성인이 되어 감정적 경험에서 나온 개인의 정서적 성장을 억압한다. 즐거움과 슬픔의 감정을 억누르고 그들 존재 자체를 부인한다. 시간이 흐른 후에 거대한 감정과 함께 흐느끼면서 울면서 토해낸다. 이것이 일어났을 때에 감정적 장애물이 허물어지기 시작한다.

어린이와 같이 그들의 감정을 억제하는 사람들은 양동이에 모래박스를 채우는 것과 같다. 그들이 양동이에 모래를 채운다면 곧 그들은 많은 양동이를 운반해야 한다는 사실을 알게 된다. 이는 양동이가 우리에게 짐으로 작동한다는 것이다. 양동이의 짐은 열심히 일을 해야 하는 것으로 연결된다. 그래서 우리는 그것을 버려야 한다. 성장한 사람들은 그들의 억누른 감정에 많은 관심을 갖지 않는다. 어느날 갑자기 마술과 같이 감정이 사라지기를 기대할 뿐이다.

우리가 상상하는 것은 강물과 같이 우리의 감정들이 자연스러운 상태로 흘러가게 하는 것이다. 하지만 우리의 가까운 이웃에게서도 압도되는 허약한 감정의 동물이다.

우리의 감정을 조절하고 규제하는 것은 중요하다. 왜냐하면 감정은 무언가를 파괴하거나 굴레에서 풀려나게 하는 힘 대신에, 감정의 조절과 규제는 우리의 목표를 달성하는 데 추가적인 용기와 힘을 북돋아준다.

느낌의 정직성에 마주하기

다른 사람과 조화의 중요한 요소는 정직성이다. 특히 우리 자신에 대한 정직성이다.

사람들은 감정을 드러내는 것을 싫어한다. 성인이 되어서 생각해 보면 어린애 같이 자신이 잘못했을 때 할머니 할아버지가 어떻게 실망했고 표현했는지를 잘 안다. 회고해 본다면 우리는 그들의 분노가 거의 정당하다고 생각한다. 하지만 그들의 격노는 빠르게 사라지고 지속적인 위협의 기억으로도 남아 있지 않다. 그럼에도 우리는 그러한 사건의 이유에 대해서는 여전히 기억한다. 그리고 조부모의 행동이 우리에게 올바른 시민으로 성장하기 위해 도움이 되는 올바른 행동이라고 생각한다.

정직성은 내적으로 우리를 성장시키는 데 중요한 요소이다. 우리 자신에게 정직해질 때에 우리는 한 발 물러설 수 있으며, 특정한 관점에서 떨어져 우리의 사고와 행동을 취할 수 있다. 이는 사람들의 행동을 재평가하는 데도 도움이 된다.

정직한 느낌을 갖는다는 사실은 다른 사람이 말하는 것과 관계

없이 그들 자신이 살아있음을 직시하는 것이다. 우리의 감정에 진실하게 유지할 수 있다면 우리의 행동은 주위의 사람들에게 정정당당하게 나타낼 수 있을 것이다. 이는 다른 사람들로 하여금 순수하고 신뢰감 있는 행동으로 생각될 것이다.

감정의 경험

우리의 느낌에 대해 의식한다는 사실[110]은 그것을 어떻게 표현할 수 있는지의 선택의 기회를 가져다준다.

분노의 예와 그것을 어떻게 다룰 것인가?

1. 파괴적이다. -책상에 우리의 손을 치거나 무언가를 부순다.
2. 다른 사람에게 고함치다. -특별한 사람에게 분노는 아닐지라도 그들의 모습과 적은 마찰이 하나의 수단이 된다.
3. 훈련한다. -힘든 훈련을 통해 억압된 에너지를 분출한다. 우리가 이러한 느낌을 확인할 수 있다면 우리가 나타낼 수 있는 형태나 모습을 그리는 과정에서 적절한 방법을 선택할 수 있을 것이다.

행복도 마찬가지다. 우리는 갑작스러운 승리를 즐길 때 자동적으로 다른 사람들과 공유하고자 한다. 오랜 시간이 경과하여 마침

---

110 **역자 주** 이는 감각질(qualia)과 다르지 않다. 감각질이란 지각에 수반되는 개인적 또는 주관적인 기분이나 경험을 말한다. 일인칭적인 느낌이기 때문에 표현하기도 어렵고 관찰하기도 쉽지 않다.

내 승리를 쟁취하였고, 승리의 증서를 받을 때 챔피언이 곧 된 듯이 행동한다. 주먹을 불끈 지으며 하이파이브하고 다른 사람의 손을 잡고 뛴다.

물론 자신의 팀이나 상대팀 선수에게 감정의 표현과 억제를 할 수 있는 사람도 존재한다. 그리고 그들은 자신의 입에서 나온 끊임없는 험담을 확인할 수 있다.

자신의 목소리를 듣지 못하는 사람들에게 그들의 감정을 표현할 때 고려해야 할 것은 그렇게 함으로써 주는 영향력을 무엇인가를 생각해야 한다. 진실로 **험담은 험담을 확산하고자 하는 사람에게 가장 커다란 손해가 된다**는 사실이다.

타인 감정의 이해

만약 충분히 좋지 않는 경기 내용의 결과에 따른 다른 사람들의 감정적 표현을 명확하게 이해하고 받아들일 수 있다면 그에 반응하는 최고의 방법을 결정해야 한다.

처음으로 우리 인간에서 나타난 감정은 단지 그 사람에게 속하는 것으로 생각해야 한다. 누군가와 관계없이 경기 도중에 우리를 짜증스럽게 만드는 감정은 그들의 감정으로 받아들여야 한다. 이러한 사실을 안다는 것은 중요하다. 경기진행 동안 감정적 붕괴를 경험한 사람들은 **경험을 가능한 움직임의 선택이나 결과물의 초점으로 맞추지 못한다는 사실이다. 대신에 내적 마음의 혼란에 얽매이게 된다**는 사실이다.

모든 실수를 한 후에 모든 선수들은 경기의 결과물을 바꿀 수 있는 기회를 가질 수 있다. 실수는 다음 번에 정확한 움직임을 가능하게 만들어준다.

우리 팀이나 상대의 느낌[111]에 영향을 받는다면, 우리의 감정이 사고나 행동에 영향력을 강요하게 만든다. **느낌은 사고를 만들어낸다. 그것은 행동을 만들어내고 궁극적으로 모든 움직임에 영향을 미친다.**

많은 선수들은 그들의 부정적 사고와 감정을 키운다. 그 이유는 그들 자신의 외적 자아 때문이다. 외적 자아의 목적은 개개인의 외적 성공에 초점을 맞춘다. 이때 부정적인 태도는 효과를 가장 잘 발휘한다. 이는 시청률이 높은 저녁 시간의 뉴스와 같은 것이다. 우리는 부정적인 편견에 쉽게 각인된다. 이는 모든 연령, 문화와 관계가 없다. 진화적인 관점에서 본다면 이러한 편견은 과거에서는 잘 작동된다. 이를 통해 미래에 준비하는 데는 도움이 될지는 모르지만 편견은 전적으로 하나의 덫으로 작동한다는 사실이다.

---

111 **역자 주** 감정과 느낌(feeling)은 다르다. 외부 자극에 오감에서 나오는 것이 감정이라면, 느낌은 그것에 대한 주관적인 판단이 개입된 것이다.

보이지 않는 e스포츠

다른 측면에서 감정을 검토해 보자.

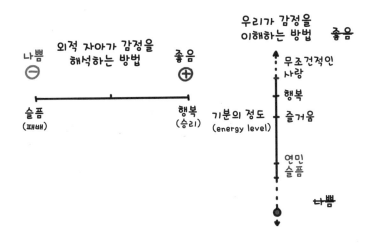

인간의 외적 자아는 다른 반대의 극단적인 지점에서 느낌으로 설명한다. 거기에서는 긍정적이고 부정적인 감정만이 존재한다. 하지만 이것은 주관적인 느낌이다. 어떤 사람에게 부정적인 느낌도 다른 사람에겐 긍정적인 느낌을 갖는다.

외적 자아는 아주 단순하게 작동한다. 다른 사람의 행동에 이름을 붙인다.

온도계 모델이라는 것이 있다. 감정을 온도로 나타내어 측정된 감정의 위치를 설정한다. 모든 감정은 그 자체로 덥거나 추울 때 온도가 다르듯이 각각의 단계가 있다. 이 온도계 모델의 기본적 관점은 우리가 다른 사람들과 비교할 때 더 좋거나 나쁘다는 느낌이 존재하지 않는다. 단지 객관적인 표현된 에너지의 분출에 의해 측정될 뿐이다. 우리가 감정을 지배하거나 그 반대로 될 때 감정이 그들로 통해 현실에서 나타날 뿐이라는 사실이다.

팀 혼란 경기 평가

어느 날 팀 미팅에서 있는 일상적인 것을 생각해 보자. 이 미팅의 목적은 경기를 분석하고 그 결과를 배우는 것에 있다. 이는 다음과 같은 과정을 기억해야 한다.

1. 토론은 실질적이며 핵심적인 것에 초점을 맞추어 진행하자.
2. 우리가 다른 팀을 보듯이 객관적으로 경기 내용을 분석하자.
3. 토론의 중재자는 개인적 공격이나 비난을 통제해야 한다.
4. 이야기에 집중하고 다른 사람들의 입장이나 동기를 이해하는 데 집중해야 한다.
5. 모든 참가자는 건설적인 해결책을 찾는 데 노력해야 하고 대안이나 제안을 하는 데 그쳐야 한다.

토론할 때 이러한 내용들이 준수될 때 그때의 감정적 위험에서 나오는 비생산적인 미팅을 회피할 수 있다.

경기 진행 중의 부정적인 태도

비관적인 태도는 경기에 대한 부정적 요소를 만들어낸다. 비관적인 감정이 나타났을 때 우리는 실망스러운 태도를 보여준다. 이는 경기의 패배로 이어지게 생각을 만들게 된다. 경기가 시작되었을 때 우리가 승리한다는 믿음은 경기 상황이 변했을 때에도 우리에게 희망으로 남아 있다.

우리가 부정적인 감정에 빠져 있을 때 그것은 소통의 태도에도 영향력을 미친다. 목소리의 톤은 힘이 없고, 적절한 주장은 다른 강력한 명령에 의해 대체된다. 경기가 패배의 위기로 몰리는 상황에서 우리는 좌절하게 되고, 다른 사람을 비난함으로써 침묵에 빠지게 한다.

부정적인 태도는 자기성취의 예언서와 같다. 사실상의 결과에 대한 내적인 패배를 투사한다. 하지만 거기에는 우리가 싸워야 할 방법이 존재한다.

두 가지 형태의 운동선수가 존재한다. 첫 번째는 확실한 재능을 타고한 선수이다. 예외적인 특권과 독특함을 가진 선수이다. 두 번째는 끊임없이 기술과 힘을 연습하는 선수이다. 이러한 두 선수들은 패배를 완전히 다르게 경험한다. 후자는 **실패의 경험은 방해가 되지 않는 것으로 진행한다.** 그리고 더 높은 단계에 도달하기 위한 교훈으로서 결과물을 분석한다. 재능을 타고 난 선수에게 패배는 놀라운 비난으로 받아들인다.

자신이나 팀에게 믿음을 유지하는 것은 중요하다. 단순하게 말해서 우리는 항상 자신이 하는 일에 자부심을 가져야 한다. 승리의 기회가 1%일지라도 100% 승리를 할 수 있다고 생각해야 한다.

다른 사람이 무엇을 하는지 걱정하는 대신에 자신의 일에 초점을 맞추어야 한다. 모든 것을 혼자하기 힘들다면 그때에 도움을 요청하자. 경기를 진행하는 동안 자유롭게 입에서 나오는 말은 나쁜 습관이다. 모든 힘은 우리 움직임이나 팀을 도우는 것에 전력을 다해야 한다. 어려움을 함께 이겨나가는 팀은 패배하는 경기를 극복하고 다시금 회복할 수 있는 가장 잘 구비된 팀을 말한다.

내적인 고통: 공개를 하자

팀이나 공동체의 일상적인 삶의 과정에서 말하지 못하는 것이 항상 존재한다. 때때로 일상의 흐름을 중단하거나 사소한 것을 대면하여 문제를 일으키기보다는 내적인 고통을 응시하거나 비밀스럽게 흘러보낼 수도 있을 것이다. 하지만 이러한 사소한 무시는 비합리적인 고통이 나의 내면에 남아 있게 된다.

이러한 감정적 고통은 자신에게 깊이 각인되어 무의식적으로 사람을 싫어하는 것으로 나타나고, 다른 사람들에게 끊임없는 적대감을 유지하게 된다. 우리가 그것을 무시할지라도 이러한 표출되지 않는 반감은 사람들 사이의 관계를 망치게 하는 중요한 원천이 된다.

진실은 모든 사람이 실수를 한다는 것이며 좋지 않는 습관을 가진다는 사실이다. 하지만 그들도 성가신 존재는 아니다. 우리가 적절한 방법이나 장소를 발현할 때면 우리는 열린 마음으로 쉽게 받아들인다.

일상적인 행위에서 개개인 간의 문제 다룰 수 있는 여지를 가지고 있어야 한다. 두 사람 사이의 문제는 적절하게 다룰 수 있어야 하고, 이는 모든 팀에게도 적용이 된다. 우리가 그들 자신의 관계를 개선할 수 있는 의지나 이해만 있으면 건설적인 비판은 그 상황을 개선할 수 있는 방법이 된다.

9

사고

사고

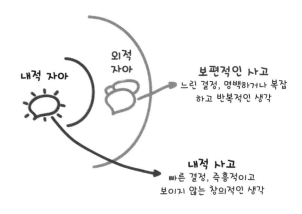

외적 자아

내적 자아

보편적인 사고
느린 결정, 명백하거나 복잡
하고 반복적인 생각

내적 사고
빠른 결정, 즉흥적이고
보이지 않는 창의적인 생각

사고는 다른 길을 취할 수 있다

일반적 또는 자기 자신의 사고

사고의 작동 과정은 두 가지 형태로 구분된다. 첫 번째는 일반
적 자아 또는 외적 자아이다. 이는 우리의 뇌가 우리의 일상적인
행위를 하여 움직이게 하거나, 우리 주위에 일어난 것에 대응하여

반응한다. 우리의 외적 자아는 대상에 반응하며 그것에 대한 해결책은 천천히 반응한다.

우리에게 주어진 사회적 위치나 내적인 관계 속에서 해결 가능한 선택과 해결책을 찾기 위해 노력한다. 외적 자아가 선택한 길은 주어진 상황에서 최선의 판단이라고 생각한다. 이러한 모든 사고는 축적된 경험과 비교, 대조하여 사고가 일어난다. 이러한 결정은 올바른 결정이라고 자동 조종 장치의 일종으로 천천히 숙고함으로써 나타난다.[112]

내적 사고

내적 사고와 본능은 우리의 마음이 자유롭거나 극단적인 상황에 직면할 때 나타난다. 우리가 스트레스를 받거나 지치는 동안에도 사고 과정이 그러한 상황을 최대한 의도적으로 배제한다고 하더라고 우리의 기대와 다르게 나타난다.

한편 하나의 주제에 깊이 생각하거나 명확한 마음을 가졌다 하더라도 창조적인 내적 사고는 외형적으로 표면적으로 특정한 장소의 출발점 없이 나타난다. 이는 본능적인 추론의 과정에서 나온다. 자신의 머리에서 번쩍이는 불빛과 같이 나타난다.

이러한 생각은 문제 해결에 대한 해답을 제공한다. 이는 전통적인 사고의 과정에서 나오는 패턴과 연결되지 않기 때문에 논리적이지 않다. 우리의 본능적인 생각은 복잡한 연결된 상황에서 짧은

---

112 **역자 주** 외적 사고는 대상을 파악하기 위해 자신의 생각과 경험이 개입하기 때문에 빠른 사고보다는 천천히 작동한다. 외적 사고에는 자신의 이익이라는 관점이 개입되기 때문에 천천히 작동할 수밖에 없다.

시간에서 일어난다. 대개 이러한 내적 생각은 정확하고 사실상 타당성을 보이는 경우도 발생한다.

내적 사고는 관습적인 것을 뛰어넘는 절대적으로 창조적인 생각인 것으로 특징지을 수 있다. 이는 과학자가 새로운 이론을 발견하는 것과 유사하다. 새로운 발견은 오랜 시간 검토 이후에 타당하다고 증명을 받는다. 누군가에는 창의력을 갖는 최고의 적절한 시간은 잠들기 바로 전이다. 그들은 심지어 자기 전에 전등 주위에 작은 노트를 두고 생각이 나면 급하게 간단하게 기술하고 아침까지 그와 관련된 사고를 유지한다.

내적 자아와 유사한 내적 생각은 외적 자아가 드러나지 않게 조용할 때 우리 사고의 깊은 내적 세계에 접근이 가능하다. 이러한 과정에서 혼란스럽고 표면적인 것이 아닌 다양한 방면에 접근이 가능하고, 자유로운 사고 작용이 일어난다.

내적 담론

e스포츠에 참여하는 동안 우리의 마음은 소용돌이치는 배와 같이 작동한다. e스포츠에 대한 많은 생각은 우리의 외적 자아의 창조물이다. 팀 동료로서 우리는 긍정적인 태도를 배우고 다른 사람에게 격려하는 것이 우리의 팀이 건강한 분위기를 유지하는 데 도움이 된다. 그러나 이 또한 우리의 사고에 해당한다.

우리가 생각하는 것이 실제로 형편이 없고, 우리의 격려가 부정적인 요소로 나타난다고 할지라도 열심히 해보자는 할 수 있을 것이다. 우리의 내적 느낌과 외적인 소통이 서로 모순되는 경우가 발생하면 순수한 진정성의 상태를 잃어버린다.

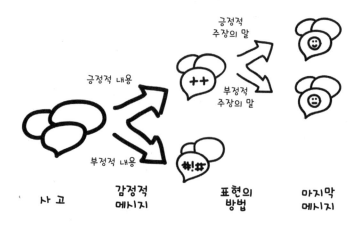

긍정적 내용
긍정적 주장의 말
부정적 주장의 말
부정적 내용

사고　　감정적 메시지　　표현의 방법　　마지막 메시지

　　우리가 확신의 분위기를 만들어낸다고 할지라도 몸짓과 몸 언어는 우리의 진실한 느낌을 드러낸다. 우리의 사고와 감정은 우리 자신의 진실한 성격을 보여준다. 우리는 어떤 순간에 누군가 거짓말을 하고 있는지 느낌으로 안다. 그리고 최악의 경우에도 솔직하지 않는 사람으로 생각할 수도 있을 것이다.

　　세상의 일은 우리가 원하는 대로 일어나지도 그렇게 작동하지도 않는다. 우리의 감정을 마지막 공격의 수단으로 분출해서는 안된다. 따라서 우리 자신의 능력을 정확하게 파악해야 하고, 어떻게 잘 할 수 있는지 생각해야 한다. 우리 자신에 대한 부정적인 느낌 대신에 앞에서 언급한 우리 자신에게 변화를 줄 수 있는 것이 무엇인지 생각해야 한다.

　　우리 자신이나 타인의 격려는 모든 사람들에게 우리의 진실한 능력을 각인시킬 수 있을 뿐만 아니라 최후까지 최대한의 힘을 발휘하는 데 도움이 된다. 이는 마지막 순간까지 상황을 바꿀 수 있는 기회를 가져다준다.

보이지 않는 e스포츠

우리 자신의 내적 독백은 우리를 믿는 팬이나 코치만큼 격려자 역할을 담당한다. 그러나 우리가 다른 태도를 갖는다면 이는 모든 팀을 실망시키는 출발점이 된다.

긍정적인 확신

우리 자신이나 타인에게 주장을 할 때 긍정적인 방향에서 이야기해야 한다. 부정적인 것으로는 무언가를 부인해서는 안 된다.

논리적으로 오늘밤 최고의 경기를 할 것이라고 희망한다고 말하는 것은 기술 발휘와 관련하여 다음과 같이 하겠다는 말이다. 즉 오늘밤 최고의 경기력을 발휘하는 데 어떠한 것도 방해가 없다는 것이다.

코끼리를 생각하지 말라, 흰곰 문제이다(Wegner, Sxhneider, Carter& White, 1987)에서 그것은 내적 이미지를 만들어간다는 점이다.[113]

---

113 **역자 주** 하지 말라고 하면 더 하고 싶은 심리적 의미는 "사고억제의 역설적 효

긍정적인 주장이 경기에 최선을 다하는 방법을 생각해내는 동안 우리는 피해야 할 함정을 검토하기 위해 부정적인 태도를 검토한다. 그래서 우리는 목표를 조율하는 대신에 목표를 얻는 데 방해되는 요소가 무엇인지를 파악해야 한다.

우리의 마음은 창조된 이미지를 피할 수 있는 것처럼 작동한다.

어떻게 우리의 마음이 진실한 의미를 받아들이는지 몇 가지 예를 살펴보자.

마음은 부정적인 사고 형성을 인지하지 못한다. 경험에 의하면 마음은 긍정적인 태도를 성숙시키는 목적으로 해결 지향적 사고를 한다는 것이 적절하다.

충만한 긍정적 사고는 자기 통제 훈련이다. 왜냐하면 인간은 염세적인 사고로 되돌아갈 경향이 높고, 이에 따라 다른 방향으로 변화 가능성이 높기 때문이다.

과(paradoxial effect of thought suppression)이다." 두 집단 중 A집단은 흰곰을 생각하지 말라는 지시를 받았고, 또 다른 B집단은 흰곰의 생각을 굳이 억제할 필요가 없다는 지시를 받았다. 결과는 흰곰의 생각하지 마라는 지시를 받은 A팀 이 훨씬 흰곰을 생각하였다. 억제할수록 더 집착하는 경우를 보였다. 인지학자인 조지 레이코프(George Lakoff)는 저서 '코끼리는 생각하지 마'에서 코끼리를 생각하지 말라고 하는 것 자체가 코끼리를 무의식적으로 생각하게 만든다고 하였다. 이는 프레임으로 설명한다(유나영 역, 2018).

보이지 않는 e스포츠

내적 사고에 대한 격려

우리가 너무 많은 부정적인 말투 사용을 인정할 때 우리는 의식적인 노력으로 부정적인 말투를 바꾸는 데 노력을 해야 우리가 변한다.

물론 변화는 직접적으로 진행되지 않는다. 그러한 변화를 잡기도 쉽지 않다. 외형적으로 본다면 우리의 사고는 자동적으로 만들어지고, 그 사고를 정확하게 통제하기란 쉽지도 않다. 대부분 우리 사고의 게으름에 대해 비판은 가능하겠지만 그것만이 해결책은 아니다. 다른 사람에게서 부정적인 것을 경험했다면 우리는 비난조의 톤을 생각할 것이다. 누군가 나에게 비난을 하면 우리는 방어적으로 된다. 이러한 것은 자동적 반응이다. 사실상 부정적인 내용은 우리 자신의 성격에 바로 각인되기 때문에 부정적인 내용을 바꾸기란 힘들다.

부정적인 문장을 바꿀 수 있는 최고의 전략은 잠시 동안 긍정적인 태도를 취하는 것이다. 부정적인 말을 때때로 긍정적인 것으로 바꾸기 위해서는 완전히 180도 전환하여 자신의 태도에 강요해서는 안 된다. 우리는 점진적으로 긍정적인 태도를 변화시키려고 노력해야 한다.

우리는 다른 사람의 부정적인 측면을 주목한다. 이는 상대를 무언가 잘못된 경향으로 의식할 때 나타난다. 따라서 우리는 자신의 의식 변화 가능성에 대해 올바른 길을 찾는 데 있다.

우리가 자연스러운 긍정적인 관점을 갖는다는 사실은 우리에게 하나의 기준이 된다. 우리의 마음은 본능적으로 확고한 주장을 표현하기 위해 감정을 표현하거나 상황을 평가가고, 자신의 관점을 조율한다. 이러한 창조적인 행위는 우리에게 필요할 때 나오는 숨겨진 자원을 동원한다.

우리 자신이나 다른 사람에게 말할 수 있는 특별한 표현을 검토해보자.

1. 나는 이것을 할 수 있다.
2. 이것을 완수 가능하다.
3. 모든 것을 줄 수 있다.
4. 승리와 패배는 부차적이다. 중요한 것은 우리의 경기에 자부심을 갖고 있다는 것이다.
5. 나는 꿈을 성취할 것이다.
6. 나는 경기를 즐길 것이다.
7. 나는 당신을 믿는다.

우리는 긍정적인 느낌과 부정적 요소를 회피하기 위해 적절한 표현을 발견해야 한다.

중요한 것은 무엇이고, 다른 사람이 생각하는 것은 무엇인가?

다른 사람의 견해는 종종 나를 혼란스럽게 한다. 우리는 우리에게 향하는 다른 사람들의 나쁜 감정을 느낀다. 그것은 우리에게 무언가 어색한 것으로 생각한다.

대부분의 사람들은 다른 사람의 견해에 관심을 갖는다. 많은 사람들은 그러한 것에 관심이 없다고 주장하지만 우리의 행동은 다

보이지 않는 e스포츠

르다. 왜 이러한 상황이 발생하는가?[114]

사람들은 자신이 중심이 되는 견해에서 출발해서 다른 사람의 견해를 형성한다. 만약 누군가 부유하고, 젊고, 아름답거나 아니면 대머리거나 흑인이라고 한다면, 이러한 사실은 다른 특성을 이해하는 데 필요한 속성의 하나로 간주한다.

인간의 속성은 우리 자신과 **다른 사람을 비교해야 한다**는 끊임없는 요구를 한다. 젊은 아이들에게 이러한 과정은 사회화의 자연적 흐름이다. 아이들은 관심의 중앙에 있기를 원한다. 다른 사람들로부터 놀라움을 얻기 위한 최고의 전술 발휘는 그들의 동료보다 훨씬 더 뛰어난 실력을 보여주는 것이다. 외적 자아는 자기 자신뿐만 아니라 다른 사람에게 특별한 자질을 요구한다. 왜냐하면 외적 자아는 다른 사람들로부터 **더 많은 관심을 얻는 것이** 핵심 요소라 생각하기 때문이다.

추상적인 마음 또는 외적 자아는 다른 사람들의 견해를 중요한 것으로 생각한다. 다른 사람이 언급한 내용이 우리에게 각인되지 않는다고 할지라도 그 자체로는 의미가 있다. 사람의 견해는 감정과 유사하여, 우리 자신의 생각이나 그 견해에 동의하는 경우에 우리에게 영향을 미친다.

풍향계는 바람이 부는 방향에 따라 돌아가듯이 다른 사람의 신호에만 관심을 갖는 사람은 자신에게 정작 필요한 중요한 것을 완성할 수 없다. 부정적인 견해는 대개 사람의 내적 고통을 파악

---

114 **역자 주** 진화론적 관점에서 수렵 및 채집의 생활에서 타인의 존재는 생존을 위해서는 대단히 중요하다. 우리가 걸어가는데 나무를 뱀으로 오인하는 것도 자신의 생존에 도움이 된다. 백 번 틀린다고 해도 한 번이라도 뱀이라면 자신의 생명에 해가 된다.

하고자 한다. 하지만 건설적인 비판은 가치가 있는 만큼 보기 힘들다. 왜냐하면 건설적인 비판은 공정한 관찰자에게 개선의 여지를 형성하는 도움이 된다.

진실은 다른 사람들은 우리를 생각하는 것에는 관심이 없다. **중요한 사실은 우리 자신에 대해 어떻게 생각하는 것이다** ⑲.[115]

---

115 **역자 주** '무문관(無門關)'에 다음과 같은 이야기가 있다. 사찰의 깃발이 바람에 나부끼고 있었다. 이 광경을 다른 관점에서 논쟁이 일어났다. 어떤 사람은 "바람이 움직인다." 또 다른 사람은 "깃발이 움직인다." 서로의 주장이 치열하게 논쟁 중에 육조 혜능이 "바람이 움직이는 것도 깃발이 움직이는 것도 아닙니다. 그대들의 마음이 움직이고 있을 뿐입니다"라 하였다(강신주, 2014: 24). 상대에 대한 생각이 아니라, 상대에 대해 자신이 갖고 있는 마음의 태도가 훨씬 더 중요하다.

보이지 않는 e스포츠

10

~~~~~~~~~~~~~~~~~~~~~~~

승리자로서 깨어나기

10

승리자로서 깨어나기

실행의 사이클

주어진 경기에서 최고 레벨의 경기력을 유지하는 능력은 순환적이 되어야 한다. 역도 선수들은 그들의 체중 조절과 근육량 그리고 에너지 발휘가 같아야 한다. 그들의 운동실행능력은 일반적인 움직임으로 전혀 다가갈 수 없다. 이러한 운동실행능력을 사이클의 움직임이라고 설명한다 [20].

이러한 용어는 운동선수들에 다르게 나타날 수 있기 때문에 기술적인 용어이다. 그러나 이러한 순환은 관찰되어야 하고 예측 가능해야 한다.

실행의 낮은 단계는 일상적으로 것으로 일어나는 일이며, 하루하루 개인적인 기분에 따라 일어난다. 주말이나 격주로 선수들이 갖고 있는 조건에 따라 기분은 불안정하다.

이러한 현상은 인간의 본성과 연결된다. 인간의 의식은 환경과의 관계에서 끊임없이 흘러간다. 우리를 둘러싼 변화는 우리의 몸에서의 변화와 마찬가지로 나타난다.

변화의 움직임이 발전을 가속화시킨다.

　의지와 관계없이 파도에 올라탔을 때 조만간 우리는 정점에서
자신을 발견할 수 있다. 파도에서 바라볼 때에는 약간 두렵기도
하지만 여전히 소름을 느낀다.
　e스포츠에서 플레이어는 경기 진행이 너무 쉽게 진행되어 나타
난 현상을 기술한다면 승리는 순풍과 같다고 생각한다. 그리고 상
대를 다 이길 수 있다는 감각이 표면적으로 나타난다.
　다른 상황이 나타났을 때 선수들은 도망치고 싶은 구멍을 찾기
때문에 가혹한 자기비판은 올바른 행동의 과정은 아니다. 더 많은
집중과 에너지를 통해 그러한 과정을 극복해야 한다. 그리고 추가
되어야 할 것은 e스포츠 선수가 그들의 기술을 최대한으로 발휘
할 수 있는 것에 초점을 맞추어야 한다.

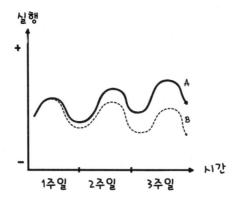

　훈련기간 더 많은 에너지를 투자하는 것이 같은 효과를 갖는
것이 아니라, 어려운 상황을 더 경험함으로써 실제 경기에서 주목
할 만한 효과를 얻는 데 있다(A). 반면에 훈련 없이 기술의 발전은

보이지 않는 e스포츠

일상적인 움직임으로 변화하게 된다(B). 지속적인 훈련과 훈련 부족은 정확하게 몇 주 후에 정확하게 드러난다.

마지막 오후

경기 당일 전 마지막 오후에는 휴식해야 한다. 조용한 행위와 관련된 움직임을 함으로써 뇌를 쉬게 만들어주어야 한다.

e스포츠 선수들에게 가벼운 신체적 운동, 즉 영화를 보거나 즐거운 활동을 즐기는 것은 다가오는 경기를 생각하는 것으로부터 벗어나게 해주는 가장 좋은 방법이다.

경기 준비를 위해 마지막 순간까지 준비해야 한다는 것은 잘못된 생각이다. 하지만 진실은 연습하는 동안 필요한 기술을 연마하지 않는다면 마지막 날에는 어떠한 차이점도 보이지 않는다. 적절한 휴식은 최적의 실행능력을 발휘하는 데 도움을 줄 것이다.

준비의 한 부분으로 잠

오후의 휴식한 다음 가장 중요한 생리적으로 필요한 것이 잠이다. 수면은 준비의 가장 중요한 부분으로 생각해야 한다. 잠자는 동안 몸과 마음은 회복적인 형태로 바뀐다. 7-8시간의 규칙적인 수면은 다음날 경쟁을 위해서는 필수적이다.[116]

---

116 **역자 주** 수면은 운동스트레스에 영향을 주고, 균형을 잡아 최적의 기능을 발휘하는 데 중요한 역할을 한다(Fullagar, et al., 2015). 하지만 수면의 절대적 시간도 중요하지만 수면의 질도 중요하다(Reardon, et al., 2019).

두 가지 잠의 패턴은 구분해야 한다.

NREM(Non-Rapid-Eye-Movement)수면은 심장박동과 호흡이 천천히 작동하고, 몸은 가장 효율적으로 작동할 수 있도록 충전된다.

REM(Rapid-Eye-Movement)수면은 비자발적인 눈의 움직임이 빨라지고 호흡을 한다. 수면 연구자들은 이러한 상태를 꿈을 꾸는 상태라 한다.

꿈

꿈은 확실히 우리의 삶에서 중요하다. 많은 사람들은 자신이 꿈을 꾸는지 모른다. 단지 현실에서 깨어 일어난 후 단지 그 내용을 기억하지 못할 뿐이다.(Hobson, Pace-Schott, & Stickgold, 2000)

우리의 꿈 세계는 깨어 있는 시간에서 남아 있는 해결되지 모순, 두려움, 희망의 내용을 포함한다. 비록 일치되지는 않지만 삶에서 어려운 시기에 우리는 자주 악몽을 꾼다. 왜냐하면 우리의 마음은 이러한 불안의 상태를 해소하고자 노력하기 때문이다. 나쁜 꿈은 단순히 앞서 기록된 내용을 흉내 내거나 재현하는 것은 아니다. 꿈은 우리에게 무언가가 일어난 복잡한 구조이며, 어떻게 우리의 심리에 반영되는지를 보여준다. 우리의 꿈에서 기대한 사람은 현실에서도 중요한 역할을 담당한다. 꿈에서 마치 부모와 사랑스러운 사람들을 만나기도 한다. 꿈은 물리적 법칙이나 일직선의 시간에 의해서 규정되는 것은 아니다. 꿈에서 나타난 구조와 이야기는 물리적인 실제보다는 정신과 연관되어 있다.

보이지 않는 e스포츠

의식적 마음에 의해서 다르게 가질 수 있지만, 여전히 꿈속에서의 얻었던 경험은 일상생활에서 만난 경험만큼 중요한 의미를 갖는다.

우리의 꿈속에서 외적 자아는 능동적이 참여자이기보다는 수동적인 방관자가 된다. 외적 자아는 꿈을 해석하고, 우리가 깨어 있을 때 기억하는 견해이다.

꿈을 꾼다는 목적은 우리의 느낌이나 욕망을 일반화한다. 그리고 우리의 경험을 적용하고자 한다. 우리의 희망사항은 종종 꿈의 세계에서 나타나 실현된다. 따라서 꿈과 현실의 시간은 밀접한 관계를 맺는다. 우리의 명료한 꿈은 통제 가능한 훈련으로 우리의 의식적 욕망을 통제하는 것과 같이 서로 밀접한 관계를 갖는다.

경기 당일 e스포츠 선수의 역할

경기가 있는 날이 다가옴에 따라 전날에 잠을 푹 잘 잤음에도 불구하고 신경성 위염으로 일어나게 된다.

사실 우리는 코치나 팀 동료 팬들이 우리에게 가진 부담감을 안다. 우리도 그날의 중요성을 잘 안다. 그날이 오기만을 손꼽아 기다렸기 때문이다.

정직하게 말해서 불안의 사고는 이익적인 부분보다 부정적으로 e스포츠 선수들에게 스트레스를 준다.

이날에 우리가 할 수 있는 최고의 일은 **우리가 가진 모든 것을 다 쏟아 부어버리는 일이다.** 가장 중요한 것은 다른 사람의 기대에 부흥하는 것이 아니라, 경쟁이 끝난 후 밤에 거울을 바라보면서 **나는 최선을 다했다**고 말하는 것이다.

일상적인 순서(Routine)

루틴[117]은 다가오는 경기에 집중하여 조율하는 데 도움이 되는 정신적 활동이다. 루틴과 관련하여 살펴볼 것은 루틴이 자동적인 것으로 되어서는 안 된다. 그렇게 하면 의도된 목적을 달성하는 데 실패할 가능성이 높다. 많은 e스포츠 선수들에게 루틴은 강박적이고 강제적인 행동 패턴으로 만들거나 미신을 형성시킨다.

e스포츠 세계에서 보이는 이러한 루틴의 내용은 다음과 같다.

1. 경기하기 전에 손난로를 잡는 경우
2. 팀과 함께 경기 전 기도나 주문을 하는 경우
3. 경기 시작에 특정 표현을 하는 경우
4. 마지막 자필 신호의 읽기
5. 게임이 시작되기 이전 게임 계획에 대한 중얼거림의 경우

실수를 회복하고 목표를 달성하기 위해서는 많은 루틴의 경우가 존재한다. 이를 통해 다시금 경기력 회복이 가능하다. 예를 들어 가상의 경기 중 대상을 터치함으로써 새로운 준비를 하겠다는 마음의 표현을 드러내기도 한다.

또한 플레이로 하여금 어떻게 움직일 것인가의 결론을 보여주

---

117 **역자 주** 루틴이란 규칙적으로 하는 일의 통상적인 순서와 방법이다. 스포츠에서의 루틴은 선수들이 최상의 운동 수행을 발휘하는 데 필요한 이상적인 상태를 갖추기 위해 자신만의 고유한 동작이나 절차를 의미한다.

는 루틴도 존재한다.

앞서 언급된 루틴에서 어떻게 자신이 행동할 것인가의 의도와 유사한 패턴을 갖는다. 많은 반복은 각각의 루틴을 변화시킨다. 일반적인 루틴이 되기 위해서는 각각의 다른 상황에서 12-20개의 경우가 발생한다. 루틴이 일어난다는 사실은 적절한 감정적 연결을 만들어낸다.

루틴의 목적은 결과를 위한 수단으로 사용해야 한다. 그러나 루틴은 기술의 실수를 회복하거나 중요한 지식을 획득하는 수단은 아니다. 규칙적으로 커피를 마시는 사람은 아침에 잠에서 깨어나기 위해 쓴 커피를 마신다. 그러나 얼마 후 한잔 더 마시는 이유는 잠에서 깨기보다는 카페인 허용치가 충분히 한잔 더 먹는 것이 가능하기 때문에 마신다. 운동선수들에게 받아들일 수 있는 일련의 루틴 정도는 대단히 중요하다. 하지만 루틴이 압도적일 때 그것은 미신이 되고 강박장애(Obsessive-compulsory disorder)의 대상이 된다. 따라서 특별한 루틴 없이 승리할 수 있음을 안다면 루틴을 버려야 할 시간이다. 우리의 습관과 기술이 변화해감으로써 그 속에서 우리는 항상 초점, 냉정함을 향상시킬 수 있는 루틴을 찾으려고 노력해야 한다.

모든 경기 이전에

많은 팀은 경기가 다가오거나 허락된 시간에 경기 준비를 위해 그들 자신의 루틴이 있다. 다음에 정신적이며 실제적인 루틴의 자세이다.

- 신선한 기분의 유지: 얼굴을 씻고 침실에서 유식이나 신성한 공기 마시기
- 머리를 맑게 하기: 지나간 경기 생각하지 않기. 걱정은 잠시 접어 두고, 현재에 초점두기
- 걷기: 경기를 벗어나 혈액순환을 위한 산책
- 에너지 보충: 소화가 잘되는 음식과 수분 섭취
- 서로에게 격려: 많은 팀들은 모토를 사용하고 그들의 응집력을 갖기 위해 그룹이 같이 박수를 치거나 공통적인 분위를 만들어야 한다.
- 경기 계획: 팀은 경기 계획을 다시금 해보아야 한다. 그들이 경기에서 진행해야 할 내용을 다시금 상기해야 한다. 이것은 전쟁에서 군수품의 역할을 담당한다. 경기 계획을 이야기하는 것은 경기 안에서 마음에 영향을 주지 않을 수 없다. 경기 전에 외적 자아를 진정시키는 데 도움이 된다.

소리치는 것과 상기시키는 것

팀 구성원들에게 직접적이고 깊은 연관을 갖는 짧은 표현이 있다. 사람들에 따라 누군가는 크게 소리를 외치거나, 아니면 머리로써 인사를 하는 경우도 존재한다. 그 단어는 대개 짧거나 쉽게 모든 사람이 인지할 수 있어야 한다. 물론 일상적인 대화에서는 추가적 설명이 있어야 한다.

보이지 않는 e스포츠

많은 예는 다음과 같다.

1. **칭찬**: 성공적인 라운드와 좋은 움직임 이후에 자신이나 팀 동료에게 칭찬을 하는 경우이다(매우 뛰어났다).
2. **명령**: 행동의 열기가 그 팀의 움직이게 할 때(지금이 그 순간이다).
3. **변화**: 지금의 전술이 작동하지 않아 완전한 변화가 필요할 때(새로운 시도를 해보자).
4. **상기**: 이전의 실천적 움직임이나 전술의 필요성이 다시금 팀에게 필요할 때(작전 A로 하자).

우리의 능력에 대한 믿음

최고의 팀을 상대로 충분히 경쟁할 준비가 되어 있음을 안다면 우리 자신의 능력을 믿어야 한다. 신체적 기술적 능력의 준비는 정신적 준비가 없으면 충분하지 않다.

정신적 준비는 경기를 진행하는 동안 모든 능력을 유용하게 하는 자신감을 불어넣는 데 도움이 된다. 자기 확신은 자신이 훈련에서 배워왔던 내용을 상기시키는 데 원동력이 된다.

당신의 적을 이길 수 있다는 것을 믿기보다는 너 자신의 능력을 믿어라.

경기를 하는 동안 움직임이 얼어붙는, 즉 초크 상태(chock)[118]를

---

118 **역자 주** 초크의 원래 의미는 숨막힘, 질식, 목 졸림이다. 압박감에 따른 과도한 긴장감 또는 성공에 대한 강한 열망 탓에 수행 능력이 기존 자신이 쉽게 할 수 있는 운동능력이 급격히 떨어지는 현상을 말한다. 이러한 상황에서 사이언 베

경험하는 적지 않는 팀이 존재한다. 관객들이 보기에는 그러한 팀은 아직 초보의 팀으로 인식된다. 몇 달 이후 강력한 훈련을 하고 유사한 팀과 다시 한번 경쟁해서 경기에서 패배한다면 일반 사람들은 전혀 나아지지 않았다고 생각한다. 비록 그들은 보이지 않는 부분에서 노력을 해왔음에도 불구하고 관객들은 그들의 노력을 보지 못한다.

많은 연습으로 달련된 팀 능력은 그들의 능력은 최상의 상태가 된다. 그럼에도 불구하고 그들은 훈련에서 배워왔던 모든 것을 경기에서 전부 펼칠 수 없을 수도 있다. 실전에서 배워왔던 기술을 실전에 적용하는 데 필요한 자신감을 갖기 못했기 때문이다. 이러한 이유로 코치는 우리가 배우고 훈련한 대로 하라고 말한다.

리더의 동기 부여

만약 우리가 오늘날 경기에 패자가 되었다면 최고가 될 때까지 계속해야 한다; 만약 승리한다면 그 날은 이미 왔다.

동기부여하는 말의 목적은 듣는 사람들로 하여금 적절한 감정을 일으켜야 하며, 승리를 위한 필요한 능력을 이끌어낼 수 있어

일락(Sian Beilock)은 운동선수의 실행능력의 결핍을 '분석의 마비'(paralysis of analysis)로 설명한다. 그녀는 초크의 극복방법으로 동양적인 명상을 통한 평정심이 유용하다고 생각한다(박선령 역, 2011). 초크와 유사하지만 다른 단어로 골프에서 자주 언급되는 입스(Yips)가 있다. 입스는 몸의 신경계 이상에서 발생한 비자의적인 근육수축현상을 말한다(황민석, 하피터, 2020). 그리고 초크와 비슷한 극도의 불안장애로 해석된다. 입스는 대부분 상급자들에게서 발생한다는 점이다.

보이지 않는 e스포츠

야 한다. 동기부여의 준비운동은 경기를 하기 전에 잘 움직이기 위한 자신의 근육을 준비시키는 것과 같다.

대부분의 지도자는 잘 모르고 추측만 한다. 즉 그들은 그 자신의 선수들에게 동기부여를 하고 있으며, 벌써 충분하다고 생각한다.

신경을 안정시키는 콧노래

깊은 집중을 하는 어떤 선수는 숨을 쉬는 것을 잃어버리고 갑자기 호흡정지의 고통을 느끼기 시작한다. 이것은 일반 사람들이 생각하는 것보다 많이 일어난다. 심지어 이러한 현상은 올림픽 경기의 최고 선수들에게도 일어난다.

이러한 현상의 극복에 도움이 되는 것은 경기에 대한 자신의 생각을 끊어내는 것이다. 지속적으로 신경을 쓰는 상태에서 전술에 대한 초점은 부정적인 효과를 만들어낸다. 따라서 그러한 상황에 대해 생각하지 않는 것이 더 도움이 될 때가 있다. 우리의 근육기억은 무엇을 해야 할지 벌써 잘 알고 있다.

마지막 짧은 순간의 긴장으로부터 벗어나기 위한 틀림없는 방법은 적절한 톤으로 흥얼거리는 것이다. 흥얼거림은 초점을 맞춘 움직임이며, 호흡을 통제하고 신경을 완화시켜 준다. 그리고 뇌에 추가적인 산소를 공급한다. 아마도 경기자 주위를 둘러싼 사람들도 그의 움직임에 긍정적으로 반응할 것이다.

흥분으로부터 필요한 것 얻기

우리에게 중요한 것으로 느낀다면 흥분하게 되는 것에 대응해야 한다. 우리의 머리가 냉철함을 요구하더라도 흥분된 상태에 대응해야 한다. 우리의 몸은 이러한 흥분상태를 표시한다. 우리는 그것을 다른 선택지로 받아들일 수밖에 없다.

사람들은 우리에게 다가와 삶에서 중요한 사건에 직면했을 때 얼마나 신경 쓰였는지 질문을 던진다. 그러면 우리는 손에는 땀이 나지만 그렇지는 않다고 이야기한다.

조바심은 생리학적으로 중요한 사건에 대한 몸 자체의 준비 상태를 말한다. 손에 땀이 나고 빠른 심박수, 한정된 집중 등은 몸에 나타난 스트레스의 수치이다.

경기에서 첫 번째로 취해야 할 단계는 특정한 형태의 용기를 보여주어야 한다. 공격적인 전략을 선택함으로써 우리는 적이 우리의 본능에 반응하도록 강요해야 한다. 이 상황에서 우리는 적의 균형을 무너뜨려야 한다. 적도 우리만큼 긴장을 하고 있음을 알아야 한다. 첫 번째 움직임은 우리가 싸울 수 있음을 보여주어야 한다. 그리고 완전한 움직임의 마비를 야기할 수 있는 불안 요소를 완화시켜야 한다.

경기 이전의 음료

스포츠음료는 스포츠에서는 대중적인 음료이지만 그것이 주는 정신적 장점에 대해서는 잘 알지 못한다.

스포츠음료를 자신의 입으로 마실 때 입술의 수용기는 설탕 맛을 느낀다. 음료수의 맛은 뇌에게 탄수화물의 섭취로 전달한다. 그 맛의 대응으로 뇌는 운동피질의 자극하고 만족스러운 감각을 만들어낸다. 그리고 추가적인 에너지를 만들어낸다.

만약 우리가 모든 음료수를 마시지 않는다면, 위 대사 작용의 짐을 강요하지 않는 효과를 가질 수 있다.

점수에 대한 박수

대부분의 스포츠에서 점수를 보고 코치나 팀들이 박수를 치는 것은 사실이다. 팀이 점수를 획득했을 때 감정의 폭발은 자연스러운 것이다. 기쁨의 충만으로 표시된 효과는 플레이로 하여금 더 잘하게 만들어주며 팀의 승리로 이어지게 된다.

이러한 효과는 축구(Moll, Jordet, & Pepping, 2010)와 농구(Kraus, Huang, & Keltner, 2010)의 경우에 보인다. 두 가지 연구에서 외형적으로 보인 박수와 소리 내어 말하는 움직임은 승리를 만드는데 긍정적인 효과를 보여준다. 반면에 경기에 지는 팀에게는 부정적으로 작동한다. 점수를 내는 것으로 양손을 높이 드는 것이 중요한 순간에 점수를 내지 못하는 것과 비교한다면 성공 가능성이 두 배 높다. 성공적인 골 이후에 팀 동료의 격려는 연속적으로 골을 만들어낼 확률이 높다.

승리와 승리 사이의 차이점

승리는 상대적이다. 우리 팀이 세계대회에 참여한다고 생각해 본다면 그들은 벌써 승리자기 된 것처럼 생각한다. 왜냐하면 그들은 어려움을 극복하고 이 자리에 왔다고 생각한다. 하지만 결승전에서 모든 것이 일어난다. 거기에는 단지 한 사람만이 챔피언이 된다.

나는 어떤 희생을 치르더라도 승리를 원하지 않는다. 나는 우리 모두가 승리자기 되길 바란다.

마지막 두 팀이 서로를 마주하고 금메달을 향해 나간다. 일등이 되는 것을 제외하고 어떠한 것도 받아들이지 않는다.

실질적인 경기의 승리자가 항상 최고의 승자가 되지 않는다. 모든 희생 속에서 승자는 간직해야 할 희생이 존재한다. 경기를 패배하는 경우에도 실망의 고통이 초래한다.

하지만 그 경기에서 반성할 수 있는 의미 있는 시간이 될 수도 있으며, 그것은 후에 선수들에게 긍정적인 변화의 거름으로 작동한다. 마지막 경기의 패배를 생각하는 사람들은 결코 미래의 승리에 도달하지 못한다. 패배로부터 승리의 의미를 구분하는 것이 중요하다. 패배는 교훈의 시간으로 생각해야지 자기 비아의 원인으로 생각해서는 안 된다.

승리는 적지 않은 시간이 필요하다.

보이지 않는 e스포츠

승리는 타고난 것이 아니라 만들어진다. 모든 e스포츠 선수들은 자신의 승리와 그들이 얻은 업적에 자부심을 갖기 위해서는 일정한 시간이 필요하다. 많은 e스포츠 선수들은 최고에서 나오는 실수에 대해 이야기할 수 있고, 그들 자신을 칭찬할 수도 없다. 물론 자신이 지속적인 패배만을 생각하는 것은 잘못된 사고이다. 상황에 따라 승리와 패배를 놓고 생각할 수 있는 것이 필요하다.

성공은 창의력의 즐거움이다.

창의력은 승리의 본질적인 부분이다. 새롭고 독창적인 것이 경기에 주입될 때 새로운 경기 영역을 만들어내고, 특별한 즐거움을 주는 사건의 승리로 기억하게 된다.

e스포츠 경기의 참여자는 경기의 승리만큼 자신의 내적 한계를 확장시킬 수 있는 탐험가이다. 모든 선수들은 승리와 패배에서 새로운 것을 발견할 수 있는 특별한 순간으로 기억해야 한다.

우리는 단순한 기대, 즉 단지 승리, 매달 순간적인 이익에 매몰되는 것으로 우리 마음의 족쇄를 채우지 말아야 한다. 모든 경기가 다 중요하며, 우리가 참여할 수 있다는 것 자체가 중요하다는 것을 경험해야 한다. 우리의 모든 생각이 참여하는 것에 맞추기만 한다면 경험 자체가 모든 것이 된다.

11

팬과의 관계

팬과의 관계

다음 두 장은 경기 준비를 위한 논의가 아니다. 하지만 이 부분도 e스포츠의 전체적인 부분과 연결된다.

이 장에서는 초보자나 뛰어난 팀의 소통과 관련된 정신적인 부분을 설명하겠다.

인터뷰에 대해서

미디어, 팬 그리고 지지자들과 함께 좋은 관계를 유지하는 것은 개인의 삶이나 e스포츠 팀에게도 중요한 일이다. 신생 e스포츠 팀은 미디어의 성가신 상황에서부터 자유롭다. 그들은 신생팀이기 때문에 주위로부터 과장된 것은 없다.

하지만 프로팀과 그들을 둘러싸고 있는 미디어와 유익한 일상적인 관계를 수립하기 위해서는 팀을 시작할 때부터 미디어와의 관계를 고려해야 한다.

인터뷰의 양과 관계없이 과격한 내용은 피해야 하고 모든 인터뷰를 거절할 필요는 없다. 그러나 개개인이나 모든 팀과 관련된 사건의 정보를 노출할 필요는 없다.

팬들은 프로 팀의 일반적인 모든 것에 관심을 갖는다. 그들에 반응하는 것이 의미가 있다. 경쟁력을 갖춘 팀은 우승하는 것에 만족하기보다는 더 높은 목적을 설정한다. 팬들은 자신이 좋아하는 팀과 만나서 그들 간의 유대를 유지하기 원한다. 팀이나 플레이는 팬들의 우상이다. 경기를 하는 동안에 그들은 자신의 분신으로 여기고 경기에서 승리하기를 기원한다.

소통 시 어디에 초점을 맞추어야 하는가?

방향성

인터뷰나 대화를 할 때 중요한 것은 방향성이다. 방향성은 소통의 다리를 연결하는 데 도움이 된다. 팬들은 직접 팀 구성원들을 볼 수 없다. 가까이 가서 볼 수 없지만 팬들은 팀 구성원의 한 사람으로서 우리 팀에 속하는 사람으로 생각한다.

사람들은 그들 가까이에 함께 있다는 사실 자체로도 그들과 동일시한다. 같은 언어를 쓰고, 공동의 원칙이나 목적을 달성하기 위해 같이 노력한다.

방향성은 플레이로 하여금 불필요한 속임수를 하지 않게 해준다. 방향성은 팬이나 인터뷰하는 사람들에게 정확한 정보를 제공한다. 그리고 관객에게 그들의 신뢰감을 가져다주고 팀을 열린 방향으로 나아가게 한다.

우리가 더 나은 존재가 아니다.

우리는 가장 성공적인 e스포츠 선수들이 될 수 있다. 그러나 잊지 말아야 할 것은 우리를 위해서 기대하고 있는 **우리의 팬보다 더 낫지 않음**을 잊지 말아야 한다. 일상적인 시간에서 본다면 e스포츠 선수와 팬들 간의 차이는 전자는 기술의 향상을 위해 많은 시간을 투자하고 훈련을 한다. 반면에 팬들은 그들의 일이나 연구에 선수와 마찬가지로 많은 시간을 투자한다. 행위의 관점에서 본다면 둘 중에 어느 하나가 훨씬 더 좋거나 나쁘지 않다.

e스포츠 플레이어들은 경기 기간 동안 관심을 받는다. 그들은 대중 속에서 자신이 선수들을 존경하는 사람들보다 훨씬 더 가치 있는 존재라고 착각하는 경우도 생긴다. 자신의 비즈니스 미팅이나 학교시험에서 자신의 능력을 증명해야 한다는 팬의 입장을 고려한다면 팬들이 자신들에게 느끼는 것만큼 선수들로 느낄 수 있어야 한다. 팬들은 행운을 기원하고 나타나기를 바란다. 선수들도 마찬가지다. **위대함은 상대적이며, 모든 사람의 개성은 동등하게 가치를 갖는다.**

진지하게 대하자.

관객 앞에서 우리의 대화는 진지하게 대해야 한다. 경기에서 승리하는 만큼 중요하다.

하지만 거기에는 자극적인 질문이 가능하며, 대답하기 모호한 경우도 존재한다. 그 질문에 회피하고 싶은 경우도 있다. 이러한 경우에 우리는 간략하게 짧게 대답해야 한다. 반대로 대답하기에

만족스러운 질문도 가능하다. 이 경우에서는 대답은 상세하게 함으로써 인터뷰가 즐겁게 끝났다고 느낄 수 있을 것이다.

인터뷰하는 사람들은 우리의 대답의 의미나 내용에 따라 우리 자신의 기분을 느낄 수 있을 것이다. 그들은 본능적으로 e스포츠 선수들이 회피하고자 하는 방법으로 대답을 한다는 사실을 잘 안다. 이것은 인터뷰를 하는 좋은 태도는 아니다.

진지하게 인터뷰를 진행하기 위해서는 우리에게 주어진 시간과 집중을 해야 한다.

모든 이야기를 해야 한다.

인터뷰에서 많은 질문들은 특정한 삶과 상황에서 어울릴 수 있다. 이 경우에 당신의 대답에는 모든 이야기를 해야 한다. 프로e스포츠 선수의 실질적인 삶과 관련된 설명은 관객들에게 필요한 인터뷰의 가장 흥미로운 부분이다.

그 이야기는 충분히 솔직하게 상세하게 전달해야 한다. 우리가 가졌던 행운이 무엇인지, 그리고 우리의 팀이나 우리에게 주어진 구체적인 상황을 잘 설명해야 한다. 우리가 상세하게 이야기하면 할수록 그 이야기는 관객들에게 살아있게 들린다.

이야기 전개는 팀 구성원들에게 활기를 불어넣는다. 단지 이름 자체가 믿을 만한 사람이 된다. 긍정적인 이야기에서는 이름의 성을 부르는 것에서 자유로워야 하고, 인터뷰에서 행복을 읽고 느낄 수 있어야 한다. 마치 관객에도 호응을 이끌어낼 수 있는 이야기를 해야 한다.

보이지 않는 e스포츠

승리를 약속하지 마라.

스포츠맨으로 '특정한 경기에 승리할 것이다'는 약속을 피해야 하며, 가급적 불가능한 약속을 만들지 마라. 목적은 글자 그대로 최선을 다하는 것이다. 그러나 때때로 최선을 다하는 것이 승리의 충분조건은 아니다. 우리가 책임지지 못하는 약속을 팬들에게 한다면 그들은 실망할 것이다.

모든 시기의 긍정적인 종결

우리가 실수할 때 실수를 인정한다면 부끄럽지 않다. 실수를 인정한 후에 우리 변화의 의도가 무엇인지를 설명할 수 있다면 실수로부터 많은 것을 배울 수 있다. 이것은 자신의 약점을 벗어날 수 있게끔 하는 데 도움을 준다.

하지만 부정적인 비평으로 사고의 흐름을 끝내지 말라. 실수를 인정한 이후에 우리가 의도해서 변화시킬 수 있다고 이야기할 수 있다면 우리는 실수에서 무언가를 배울 수 있다. 핸디캡에서 무언가를 어떻게 만들어낼지가 중요하다.

있는 그대로 받아들이는 태도는 경기의 패배에 대한 팬들에 대한 태도뿐만 아니라 우리 자신의 태도를 변화시킨다. 그리고 그것은 우리의 부정적인 경험으로부터 더 쉽게 배울 수 있을 것이다.

기대의 증진

경기 승리나 패배 이후 인터뷰가 이루어지는 상황에서 팬들은 인터뷰의 말미에 새로운 기대를 표현한다. 우리는 다음의 도전을 준비하고 기대감을 표출한다. 우리 앞에 새롭게 놓인 다짐은 팀이나 팬들에게 사기를 드높이는 심리적 계기가 된다. 예컨대 사기를 북돋는 것은 과거 지나간 경기를 회상하는 것이 아니라 앞으로 있을 경기를 기대하게 만든다.

팬들의 관점 변화

팬의 생각은 좀처럼 팀의 실질적인 경기력을 따라가지 못한다. 예컨대 평균적인 팀의 경기력과 그 팬의 의견을 비교해 보자.

경기력의 근거하여 본다면 팀은 중간 정도이다. 하지만 팬들은 그 팀의 탁월한 코치가 존재하여 초반 시점에 그 팀의 분위기를 크게 바꿀 수 있는 상황도 존재할 가능성도 존재한다고 생각한다.

그 팀의 팬들은 현재 회의적이다. 비록 그 팀이 경기에서 승리를 가졌다고 하더라도 팬들은 그 팀을 정상상태가 아닌 것으로 판단한다. 하지만 모든 사람들은 암묵적으로 수년 동안 변화 가능성을 희망한다.

팀 코치는 그 자신의 팀 능력을 평가하고, 팀워크의 능력과 소통의 능력을 파악한 후 실질적인 훈련을 시작한다.

처음 경기는 불명예스러운 실패로 끝났다. 새로운 훈련이 되지 않는 상황에서 과거의 행동이 다시금 나타나 실패로 나타났다. 그들은 팀을 하나로 뭉치게 만들고 그들은 훈련을 지속해 나아간다. 이러한 상황에서도 팬들은 전 경기의 내용 때문에 실망하고 있으며, 젊은 코치의 새로운 시도에도 불구하고 어떠한 변화도 없을 것이라 생각한다.

외형적으로 쉬운 경기이지만 가까스로 경기에서 팀이 승리하면서 팀의 노력은 약간 인정받을 수 있다. 그러나 팬들은 그 승리를 팀 자신의 대담한 노력의 결과로 생각한다. 팬들은 자신의 팀 승리에 행복하다고 말하지만, 다음날 상대가 우리의 승리를 헌납했다고 주장하기도 한다.

흘러가는 시간의 흐름으로 파악해 보자. 일 년이 지나고 팀은 하나가 되며, 비록 쉬운 승리가 부족하더라도 연습한 배치에 따라 작동한다. 작년에 희망을 가지고 경기에 기대하였지만 마지막 시즌에 강력한 경쟁자와 경기에서 패배로 끝났다. 하지만 팬들은 무언가 발전하였다는 사실을 인지하게 되고, 승리는 승리이고 패배는 패배이다라고 생각한다.

비록 팀의 발전과 팀의 경영이 점진적으로 나아 질 수 없다고 하더라도, 팀이 일 년 동안 열심히 한 것에 대한 팬들의 생각을 바꿀 수는 없다.

다음 시즌에 팀은 경기에 참여하여 큰 점수로 승리를 가질 수 있을 것이다. 큰 경기에서도 우승팀을 격파할 수 있을 것이다.

앞선 비판을 잊어버림으로써 팬들은 그 팀을 영웅으로 생각한다. 팬들은 2년차에 성공하는 이유를 이해하지 못한다. 그리고 어떠한 것이 커다란 상당한 변화를 가져왔는지를 모른다.

사실 첫해 동안 실질적인 변화가 일어난다. 2년차 모든 변화의 결과는 일 년 동안 열심히 노력해온 것에 뿌리를 둔다.

12

리더와 주장

리더와 주장¹¹⁹

이 장은 주로 리더에 대해 설명하고자 한다. 팀에서 리더의 위치는 뚜렷한 중요성을 갖는다. 리더는 현저하게 팀의 성공에 참여하여 기여한다. 그럼에도 불구하고 필요한 리더의 기술이나 정신적 태도는 잘 알려지지 않았다. 시간과 관계없이 리더가 받아들여야 할 특징은 무엇이고, 어떻게 구비할 수 있을까? 리더는 탄생하기보다는 만들어지는 것이다. 이러한 명제는 팀의 성장에 필요하다.

e스포츠 팀을 리더하는 그 자체가 한 사람의 리더가 되어가는 길 그 자체이다.

리더를 위한 리더에 대해

---

119 **역자 주** 엄밀하게 리더와 주장은 구분해서 이해해야 한다. 사전적 의미로 리더는 "조직이나 단체 따위에서 전체를 이끌어 가는 위치에 있는 사람"이다. 반면에 주장은 "운동경기에서, 팀을 대표하는 선수이다"(국립국어원 표준국어대사전). 즉 경기에서 주장과 리더의 역할은 다르다. 스포츠 팀에서 주장의 역할보다는 비형식적인 리더가 경기 안 밖에서 훨씬 더 영향력을 미친다(Fransen, et al., 2014). 리더가 주장과 동일인라면 팀에게는 최선이다.

각 팀은 리더와 함께 팀을 조직하고 하나의 목표를 위해 나아
간다.

리더의 역할을 담당하는 사람들은 준비되어 있어야 하고 끈기
가 있어야 한다. 이것은 항상 좋은 성과를 가져다준다. 좋은 팀이
단순히 성공의 합이 아니다. 리더는 관객이 볼 때 편안함을 느껴
야 한다.

리더들은 그들의 가르침이나 권위로서 사람들을 변화시킬 수
있다고 오해해서는 안 된다. 그리고 가르침이나 권위가 더욱더 효
과가 있다고 생각해서는 안 된다. 이것은 사실이 아니다. 부모와
리더와 마찬가지로 **비밀은 좋은 모범을 보이는 데 있다.** 게다가
그 변화는 항상 다른 사람의 의도와 생각을 해야 한다. 리더의 메
시지는 단지 모범으로서 선수들에게 만 적용되어야 한다.

리더십은 협력과 지도를 넘어선다. 리더십은 책임감을 의미한
다. 이것은 리더의 지속적인 노력이 뒷받침될 때 가능하다. 만약
우리의 결정이 적절하지 않았다고 느끼거나, 다른 상황이 더 나은
것으로 다루어질 수 있다고 생각이 들면, 우리는 지도자로서 진화
할 수 있는 능력을 갖출 수 있음을 확인해야 한다.

좋은 리더로 보이는 것은

오랜 기간의 경험 이후 나는 성공적인 리더나 주장으로서의 성
격과 품성을 갖고 있다고 생각한다. 리더의 성격은 그 팀의 110%
의 힘을 가져다준다.

나는 리더로서 정확하게 행동하려고 노력하였다. 나는 리더로
서 갖추어야 할 다음의 내용이 어렵다는 것에 동의한다. 그럼에도

보이지 않는 e스포츠

불구하고 리더가 되기 위해 최선을 다해야 한다.

1. 좋은 리더는 **항상 준비되어야** 한다.

   훈련하는 날이나 경기를 리뷰하거나 짧은 미팅에서도 리더는 항상 자신의 행동이 의미가 있어야 한다. 그리고 팀을 위해 다음 단계를 결정해야 한다.

2. 리더는 **안정된 지점**과 추론이 가능해야 한다.

   일치된 행동과 안전성은 팀 구성원 간에 신뢰를 증대시킨다. 사람들은 자신을 신뢰한 사람을 존중한다. 리더는 주어진 일에 많은 시간을 투자한다. 그러면 그의 선수들도 그들 자신의 일에 충분한 시간을 내고 노력한다.

3. **엄격하지만 그러나 정확한 반응을 해주어야 한다.**

   사실의 비판은 불편하다. 그릇된 성공과 칭찬 아래에서는 팀 성장을 기대할 수 없다.

4. **항상 감사하다고 말하라.**

   팀 구성원들이 잘하고 있을 때 좋은 리더는 돈으로 측정할 수 없는 감사의 말을 할 수 있어야 한다.

5. **그의 팀으로부터 듣고 돌보아야 한다.**

   진리는 항상 상대적이다. 진실한 코치는 팀 구성원들로부터 배우고, 보고, 듣는다. 항상 그 팀을 자신이 돌보아야 한다고 생각한다.

6. **자신의 견해를 드러내어야 한다.**

   탁월한 리더는 팀에게 명확한 비전을 제시해야 하며, 그것에 대한 신뢰를 구성원들로부터 획득해야 한다.

7. **근원적인 이유로 서로 함께할 수 있는 일을 부여해야 한다.**

   그것은 훈련이나 경쟁과 관계없이 적절한 리더는 왜 그러한 일이 필요한지를 이야기해야 한다. 그 속에는 외형적으로 이상하게 보이는 것도 명확한 목적이 있기 때문이다. 팀 구성원들도 이러한 숨겨진 목적을 인지할 필요가 있다.

8. **좋은 리더는 그의 팀과 같은 배를 탄다.**

그들은 공공의 사물함과 공동의 공간을 사용해야 한다.

9. **화를 내지 말라.**

가장 비판적인 상황에서도 적용된다.

10. **판단하려고 하지 말라.**

판단하는 대신에 그의 팀의 허약성과 문제를 이해함으로써 그의 팀에 가까이 다가갈 수 있다.

11. **모든 상황에서 결정할 수 있어야 한다.**

선택 A와 선택 B 사이에 선택하지 못하는 상황은 없다. 우리는 틀린 결정이라고 할지라도 결정하지 않는 것보다 낫다.

12. **장벽을 세우기보다는 길을 안내하라.**

지속적으로 허락되지 않는 것을 이야기하는 대신에 그들의 창조적인 에너지를 적절하게 사용하기 위해 팀 구성원들에게 조언이나 방향성을 제시해야 한다.

13. **진실한 리더는 대중의 요구에 따라가지 않는다.**

그는 그 자 신의 견해와 본능에 충실해야 한다.

가치 있는 리더를 어떻게 인식하는가?

1959년 빈스 롬바르디(Vince Lombardi)는 그린베이 패커스(Green Bay Packers)의 내셔널 리그 미식축구 코치가 되었다.

보이지 않는 e스포츠

팀에 대한 그의 첫 번째의 연설은 다음과 같다.

신사 여러분 우리는 끊임없이 완벽성을 추구할 것이다. 그리고 우리는 완벽할 수 없음 또한 잘 알고 있다. 그러나 우리는 쉬지 않고 그것을 추구하고자 한다. 왜냐하면 그러한 과정에서 우리는 완벽한 탁월성을 추구할 수 있을 것이다. 나는 단지 좋다는 것에는 전혀 흥미를 느끼지 않는다.(Havel, 2011)

롬바르디 연설이 끝난 후 그의 제자인 쿼터백 바트 스타(Bart Starr)는 아내에게 전화해서 말하길 "많은 승리로 이어질 것이다."

그것은 롬바르디가 여기 왔을 때 이 팀에서 부족한 것은 리더십이라고 명확하게 바트는 이야기했다.(Wojciechowski, 2006)[120]

많은 e스포츠 선수들은 리더의 성격을 발견하는 것이 중요하다. 예를 들면 그들이 팀을 선택할 때 올바른 리더를 확인하는 방법은 인터뷰나 비형식적인 만남에서 파악해야 한다.

다음의 리스트는 리더와 관련하여 의미 있는 단서를 제공한다.
- 리더는 당신과 이야기할 때 당신의 눈을 본다.
- 리더는 당신이 무언가를 이야기할 때 진실로 관심을 갖는다.
- 리더는 나 또는 당신의 단어 대신에 우리라는 복수의 단어를 사용한다.
- 리더는 미소를 띨 수 있어야 한다. 좀처럼 하지 못한다고 할지라도 미소는 자신이 즐거운 인생을 갖고 있음을 보여준다.
- 리더는 문제를 증명하는 대신에 문제를 이해한다. 문제에 대

---

120 **역자 주** 롬바르디의 리더십은 당신의 원칙과 가치를 명확하게 아는 것에서 출발한다. 이러한 자기 인식은 좋은 품성을 키우는 기본이 된다. 품성은 성실성의 뿌리가 되며, 성실성이 리더십의 근거를 제공한다(Lombardi, 2003).

한 몰입은 해결책을 찾기보다는 문제 자체에 빠질 가능성이 높게 나타난다.

- 실제적인 리더의 가치를 보여주는 것은 그 자신이 팀 구성원들보다 뛰어나다고 생각하지 않는 것이다. 팀과 같이한다는 것에 자부심을 갖는다.
- 리더는 팀에게 도움이 되는 첫 번째 사람이다. 팀이 모든 것에서 가장 우선순위로 둔다.

우리가 e스포츠 선수로서 성장해 나아가기를 원한다면 좋은 리더의 선택은 우리 구성원을 선택하는 만큼 중요하다. 그 속에서 경기의 경쟁력을 갖추게 된다.

1 **모든 목표는 실현 가능해야 한다.** 대부분의 사람들은 그들 자신의 삶을 살아가려고 하기 때문이다.(p. 22)

2 우리의 목표를 마음에만 존재한다면 그것은 실현되기 힘들다. **우리는 목표를 향해 나아가기 위해서는 물리적 단계를 거쳐야 한다.**(p. 29)

3 **우리의 꿈은 우리가 상상한 것과 같은 방법으로 현실에 실현되지 않는다.** 이러한 실현의 과정은 창조적 과정이며, 우리는 그것에 대한 한계를 짓지 말아야 한다.(p. 32)

4 **의지(will)보다는 자연스러운 마음가짐(intention)을 가지고 당신은 목표를 달성해야 한다.** 자연스러운 마음가짐은 기회를 가져다준다. 반면에 의지는 기회를 훨씬 멀리 떨어져 있게 만든다.(p. 40)

5 **승리는 용기의 결과이다.** 우리의 마음에 두려움을 갖고서는 성공할 수 없다.(p. 42)

6 **기술발달과 목표를 획득하는 것은 끊임없는 노력의 결과이다.** 거기에는 속임수나 지름길은 없다.(p. 47)

7 **새로운 능력은 점차적으로 보이지 않고 갑자기 나타난다.** 그래서 처음 성공을 하기 위해서는 모든 노력을 투입해서 그것을 얻으려고 노력해야 한다.(p. 56)

8 **부정적인 것을 능동적인 메시지로 해석하지 마라.** 그것은 독으로 작동한다.(p. 68)

9 **겸손은 발전을 바라는 사람들 속에서 나타난다.** 사람들은

타인의 이야기에 집중한다. 그러나 들었던 모든 생각을 받아들이지는 않는다. 사람들은 그들의 행동에서 겸손을 검토한다.(p. 99)

⑩ **적으로부터 배움**은 e스포츠 선수로서 성공할 수 있는 최고의 방법이다.(p. 102)

⑪ 복잡한 문제를 풀기 위해 돈이나 강요는 가장 나쁜 동기이다. **대신에 우리는 자신을 칭찬하거나 내적 탁월성을 키워야 한다.**(p. 121)

⑫ **외형적인 자아는 다른 사람들의 관심을 끌게 된다.** 그것은 에너지를 부여하고 사람들에게 강력한 힘을 부여한다.(p. 129)

⑬ **내적 자아과 외적 자아 사이의 하모니를 갖추는 것은 마음챙김(mindfulness)이다.**(p. 141)

⑭ **다른 사람들에게 짜증을 낸다는 사실은 우리 자신에게도 피해가 된다.** 이는 거울 효과를 이해하는 데 도움이 된다.(p. 144)

⑮ **현재의 주어진 상태에서 우리는 자신을 둘러싼 환경에서 폭넓은 현실을 경험해야 한다.** 그 속에서 사건이나 일이 나에게 명확하게 드러난다.(p. 149)

⑯ **본능은 심도 깊은 생각만큼 현명하다.** 우리의 내면 의식은 표면에 드러나지 않는 중요한 요소를 파악하는 데 도움이 된다. 첫 번째로 느끼는 생각이 대부분 맞을 경우가 높다.(p. 160)

주요 핵심 개념

⑰ **우리의 감정은 완전히 우리 자신의 창조물이다.** 감정은 다른 것과 관계를 맺지 않고 있다.(p. 174)

⑱ **받아들임은 의식 결정의 문제이다.** 여러분은 올바르다고 생각한 길을 선택해야 한다. 비록 그 길을 가는 데 일정한 시간이 필요할지라도 말이다.(p. 180)

⑲ **우리의 외적 자아에 대한 자신의 견해가 가장 문제가 된다.** 우리가 다른 사람에게 관심을 갖고 있으면 우리는 위대한 목적을 얻을 수 없다. 그들의 사고가 우리에게 한계를 가져다주기 때문이다.(p. 202)

⑳ 모든 것이 작동하는 순간에 우리가 경험하는 **실행의 순환**에 참여하는 것에 감사하자. 우리가 그 실행의 순환에 준비가 미흡해도 괜찮다. 이러한 실행 순환의 경험은 우리의 삶의 변화를 가능하게 해준다. 그래서 그것을 어떻게 다룰 것인가는 대단히 중요하다.(p. 205)

참고문헌

강신주(2014). 매달린 절벽에 손을 뗄 수 있는가? 무문관, 나와 마주 서는 48개의 질문. 서울: 동녘.

국립국어원 표준국어대사전.

김명철 역(2011) / Simons, D., & Chabris, C. 보이지 않는 고릴라. 서울: 김영사.

김태우(2018). 생태학적 심리학 관점에서 분석한 게이머의 가상환경지각 연구 -배틀그라운드를 중심으로-. 만화애니매이션연구, 50, 239-273.

박인성 역(2013) / Gallagher, S., & Zahavi, D. 현상학적 마음. 서울: 도서출판 b.

박선령 역(2011) / Beilock, S. 부동의 심리학. 경기도: 21세기북스.

서유라 역(2018) / Hutchinson, A. 인듀어 -몸에서 마음 까지 인간의 한계를 깨는 위대한 질문-. 서울: 다산초당.

오혜경 역(2009) / Maslow, A. H. 동기와 성격. 서울: 21세기북스.

이상호(2016). 무도현상학. 한국체육철학회지, 24(3), 151- 171.

이상호(2019a). 무도의 마음(心)과 유식학(唯識學). 한국체육철학회지, 27(4), 119- 134.

이상호(2019b). e스포츠의 역사와 과정. e스포츠 연구: 한국e스포츠학회지, 1(1), 1-27.

이상호(2020a). e스포츠의 개념 형성과 특징. e스포츠 연구: 한국e스포츠학회지, 2(1), 1-16.

이상호(2020b). e스포츠 재미의 학문적 이해. e스포츠 연구: 한국e스포츠학회지, 2(2), 1-20.

이상호(2021). e스포츠의 이해. 서울: 박영사.

이상호, 황옥철(2019). e스포츠의 학문적 이해. 서울: 부크크.

임지원 역(2017) / LeDou, J. 불안 - 불안과 공포의 뇌 과학-. 서울: 인벤션.

유나영 역(2018) / Lakoff, G. 코끼리는 생각하지 마. 서울: 와이즈베리.

정양은 역(2005) / James, W. 심리학의 원리 1. 서울: 아카넷.

제효영 역(2019) / Csikszentmihalyi, M., Latter, P., & Duranso, C. W. 달리기, 몰입의 즐거움. 서울: 샘터.

조혜정 역(2009) / Berne. E. 심리 게임 - 교류 분석으로 읽는 인간관계의 뒷면-. 서울: 교양.

조천제 역(2002) / Blanchard, K. et al. 칭찬은 고래도 춤추게 한다. 서울: 21세기북스.

황민석, 하피터(2020). 골프선수의 '입스(Yips)'와 현상학적 신체도식 개념. 한국체육철학회지, 28(4), 17-31.

Burch, N. (1970). *The Four Stages for Learning Any New Skill*. Retrieved from Gordon Training International.

Csikszentmihalyi, M. (1991). *Flow: The Psychology of optimal experience*. HarperPerennial New York.

Fitzpatrick (2019.05.16.). https://time.com/collection-post/5584909/kim-geguri-se-yeon-next-generation-leaders/

Fransen, K., Vanbeselaere, N., Bert De Cuyper, Gert Vande Broek & Filip Boen (2014). The myth of the team captain as principal leader: extending the athlete leadership classification within sport teams. *Journal of Sports Sciences, 32*:14, 1389-1397.

Fries, P. (2009). Neuronal gamma-band synchronization as a fundamental process in Cortical Computation. *Annual Review of Neuroscience, 32*:1, 209-224

Fullagar H.H., Skorski S, Duffield R, Hammes D, Coutts AJ, & Meyer T.(2015). Sleep and athletic performance: the effects of sleep loss on exercise performance, and physiological and cognitive responses to exercise. *Sports Med., 45*(2):161-86.

Glucksberg, S. (1962). The influence of strength of drive on functional fixedness and perceptual recognition. *Journal of Experimental Psychology, 63*(1), 36.

Havel, C. (2011). *Lombardi – An Illustrated Life.* Krause Publications.

Hobson, J., Pace-Schott, E., & Stickgold, R. (2000). Dreaming and the brain: toward a cognitive neuroscience of conscious states. *Behavioral and Brain Sciences, 23, 793–842.*

Kraus, M. W., Hung, C., & Keltner, D. (2010). Tactile communication, cooperation, and performance: an ethological study of the NBA. *Emotion, 10*(5), 745.

Kübler-Ross, E. (2009). *On death and dying: What the dying have to teach doctors, nurses, clergy and their own families.* Taylor & Francis.

Lally, P., Van Jaarsveld, C., Potts, H., & Wardle, J. (2010). How are habits formed: Modelling habit formation in the real world. *European Journal of Social Psychology, 40*(6), 998-1009.

Ledgerwood, A., & E. Boydstun, A. (2014). Sticky Prospects: Loss Frames Are Cognitively Stickier Than Gain Frames. *Journal of Experimental Psychology,* 143(1), 376.

Lombardi, V. Jr. (2003). *What It Takes to Be #1.* New York: McGraw-Hill Education.

Lutz, A., Greischar, L., Rawlings, N., Ricard, M., & Davidson, R. (2004). Long-term meditators self-induce high-amplitude gamma synchrony during mental practice. *Proceedings of the National Academy of Sciences of the United States of America, 101*:46, 16369-73 .

McDowall, M. (Director). (2011). *Ronaldo: Tested to the Limit* [Motion Picture].

Moll, T., Jordet, G., & Pepping, G.-J. (2010). Emotional contagion in soccer penalty shootouts: Celebration of individual success is associated with ultimate team success. *Journal of sports sciences, 28*(9), 983-992.

Most, S., Simons, D., Scholl, B., & Chabris, C. (2000). *Sustained inattentional blindness. Psyche, 6*(14).

Murray, H. A. (1938). *Explorations in Personality.* Oxford University Press.

Reardon CL, Hainline B, Aron CM, et al.(2019). Mental health in elite athletes: International Olympic Committee consensus statement. *British Journal of Sports Medicine, 53*:667-699.

Robert, M., & Thomas, J. (1990, January 11). Johnny Sylvester, the Inspiration For Babe Ruth Heroics, Is Dead. *The New York Times.*

Vogel, M. (2012, June 5). Prep runner Carries foe to finish line. (D. Binder, Interviewer).

Wegner, D., Schneider, D., Carter, S., & White, T. (1987). Paradoxical effects of thought suppression. *Journal of personality and social psychology, 53*(1), 5.

Wojciechowski, G. (2006, February 4). Lombardi turned Packers into winners.

https://towardsdatascience.com/the-data-science-boom-in-esports-8cf9a59fd573

역자 소개
이 상 호

역자는 대학을 졸업하고, 게임회사에 근무 중 무도철학의 관심으로 진로를 바꾸게 되었고, 동양철학, 현상학, 인지과학(박사 후 과정)을 공부하였다. 현재 경성대학교 e스포츠연구소 연구교수로 근무 중이다. 한국체육철학회 편집이사와 학술이사를 역임했고, 한국체육철학회 최우수 논문상 2회를 수상하였다. 현재는 검도 6단이며, e스포츠현상학, e스포츠의 인지행동과 관련된 연구를 하고 있다. 저서로는 e스포츠의 이해(2021)가 있고, 공저로는 e스포츠의 학문적 이해(2019), Esports Business Management(2020) 등이 있다.

저자 소개
Zoltan Andrejkovics

졸탄 안드레이코비치(Zoltan Andrejkovics)는 1985년에 태어났고, 5년 넘게 프로e스포츠 선수를 경험했고, 지금은 결혼해 한 아이의 아버지이다. 그는 대인관계 심리학, 집단 역학(team dynamics), 경쟁적인 게임과 인공지능에 관심이 있다. 저서로는 A Newborn Business: Esports(2018), Together: AI and Human. On the Same Side(2019), The Wise Society: Conjunction(2020)가 있다.

보이지 않는 e 스포츠

− 승리하는 팀의 마음가짐 −

초판발행	2021년 7월 15일
지은이	Zoltan Andrejkovics
옮긴이	이상호
펴낸이	안종만·안상준
편 집	이면희
기획/마케팅	정성혁
표지디자인	BEN STORY
제 작	고철민·조영환
펴낸곳	㈜ **박영사**
	서울특별시 금천구 가산디지털2로 53, 210호(가산동, 한라시그마밸리)
	등록 1959.3.11. 제300-1959-1호(倫)
전 화	02)733-6771
f a x	02)736-4818
e-mail	pys@pybook.co.kr
homepage	www.pybook.co.kr
ISBN	979-11-303-1331-3 93690

* 파본은 구입하신 곳에서 교환해드립니다. 본서의 무단복제행위를 금합니다.
* 역자와 협의하여 인지첩부를 생략합니다.

정 가 15,000원